Das System d

Auf Ihrer Reise wei ... n bedeutendsten Seh ... e Vergabe orientierer ... Welterbe.

*** eine Reise wert ** einen Umweg wert * sehr sehenswert

*** Pinacoteca di Brera S. 101
*** Letztes Abendmahl von Leonardo da Vinci S. 114

** Santa Maria presso San Satiro S. 70
** Pinacoteca Ambrosian S. 72
** Castello Sforzesco S. 76
** Corte Ducale S. 78
** Pietà Rondanini S. 79
** Galleria Vittorio Emanuele II S. 85
** San Simpliciano S. 103
** Cimitero Monumentale S. 106
** Santa Maria delle Grazie S. 111
** Basilica di Sant'Ambrogio S. 118
** San Lorenzo Maggiore S. 122
** Cappella Portinari S. 126
** Pavia S. 133
** Castello Visconteo in Pavia S. 133
** Università, Pavia S. 133
** S. Giovanni Battista, Monza S. 135

* Piazza dei Mercanti S. 73
* Palazzo della Ragione S. 74
* Parco Sempione S. 82
* Teatro alla Scala S. 87
* Museo Teatrale alla Scala S. 89
* Palazzo Marino S. 89
* Museo Poldi-Pezzoli S. 91
* Villa Reale und Museo dell'Ottocento S. 96
* Museo Civico di Storia Naturale S. 97
* Pirelli-Hochhaus S. 108
* Museo Nazionale della Scienza S. 116
* Basilica di Sant'Eustorgio S. 125
* Certosa di Pavia S. 133
* Monza S. 135

Unsere Preissymbole bedeuten:

Hotel (pro Person im DZ)		Restaurant (Menü)	
●●●	ab 200 €	●●●	ab 50 €
●●	ab 120 €	●●	ab 30 €
●	ab 80 €	●	ab 20 €

Wechselkurs:

1 €	1,55 CHF	1 CHF	1 CHF 0,60 €

10 Corso Como Seite 107

Ein buntes Volk trifft sich auf dem für den Verkehr gesperrten Corso Como. Am Tag flanieren Menschen entlang der Mode- und Designläden und genießen das Sehen und Gesehenwerden in den Cafés. Wenn die Sonne untergeht, verwandelt sich die Straße in eine große Partyzone mit unzähligen Bars. Danach macht man in einer der Diskotheken die Nacht zum Tag.

11 Das Abendmahl von Leonardo da Vinci Seite 114

Eine dramatische Komposition hinterließ Leonardo da Vinci der Klosterkirche Santa Maria delle Grazie: 1496/97 malte der herausragende Künstler das »Letzte Abendmahl« an eine Wand des Refektoriums. Den distanziert wissenden, vieldeutig lächelnden Ausdruck, den der Psychologe, Anatom und Menschenbildner Leonardo da Vinci Christus auf dem Gemälde verliehen hat, wird man so leicht nicht vergessen.

12 Die Navigli Seite 128

Es ist das In-Viertel Mailands: das Quartier zwischen den beiden Navigli, den Kanälen, die vom komplexen Wasserwegesystem des Mittelalters geblieben sind. Entlang der beiden Wasserläufe blieb ein Stück altes Mailand erhalten, durch das ein Hauch von venezianischer Atmosphäre weht. Diese Stimmung genießt die Mailänder Szene und füllt Abend für Abend die Cafés, kleinen Restaurants und Clubs.

7 Modemeile Montenapoleone

Seite 93

Mamma mia, wie edel das alles ist, möchte man unablässig ausrufen. Doch das würde negativ auffallen auf Milanos Modemeile, auf der sich alle so konzentriert um eine *bella figura* bemühen. Die Via Montenapoleone ist die Hauptstraße des Goldenen Vierecks, in dem die Stadt ihrem Ruf als Kapitale der Mode gerecht wird. Alle großen Namen der Branche haben hier ihre Filialen.

8 Pinacoteca di Brera

Seite 101

Ihre bedeutendste Gemäldesammlung verdankt die Stadt der kunstsinnigen österreichischen Kaiserin Maria Theresia, die 1776 eine Akademie der Schönen Künste gründete. Heute gehören mehr als 2000 Gemälde zum Bestand der Brera, darunter Schlüsselwerke der italienischen Malerei wie »Der tote Christus« von Andrea Mantegna und Raffaels »Vermählung der Jungfrau«. Ein weiterer Höhepunkt der Ausstellung ist die umfangreiche Sammlung italienischer Futuristen.

9 Cimitero Monumentale

Seite 106

Größer konnte man gegen die Vergänglichkeit nicht anbauen: Kaum eine andere Stadt leistet sich einen so monumentalen Friedhof wie Milano. Auf 200 000 m^2 dehnt sich ein riesiges Gelände voller Grabestempel, Kapellen und Skulpturen aus, die den Reichtum von Bürgertum und Adel in Szene setzen.

POLYGLOTT on tour

Mailand

Die Autoren

Christine Hamel

studierte in Florenz, London und München Germanistik, Politologie und italienische Literaturwissenschaften. Sie arbeitet heute als freie Publizistin in München, lebt aber auch jedes Jahr viele Wochen in oberitalien – seit Kindheitstagen ihre zweite Heimat.

Gunther Lettau

studierte Kunstgeschichte und Klassische Archäologie in Augsburg, Wien und Parma. Heute arbeitet er in der Erwachsenenbildung und als Studienreiseleiter mit Schwerpunkt Italien. Mailand besucht er mehrmals im Jahr.

Reiseplanung

Land & Leute

Unterwegs in Mailand

Infos von A–Z

Echt gut!

Karten

Reiseplanung

Die Stadtviertel][Die schönsten Touren][Klima und Reisezeit][Anreise Stadtverkehr][Unterkunft][Essen und Trinken Shopping][Am Abend

Die Stadtviertel im Überblick

»La città piu città d'Italia.« Die städtischste aller Städte Italiens. So beschrieb der Schriftsteller Giovanni Verga vor 100 Jahren Mailand, und diesem Urteil kann man sich auch heute nur anschließen. Die Hauptstadt der Lombardei ist das Zentrum der italienischen Wirtschaft und der Banken. Dass die *milanesi* aber nicht nur etwas vom Geldverdienen verstehen, sondern auch zu leben wissen, sieht man an der Vielzahl der vornehmen Geschäfte und den ausgezeichneten Restaurants der Stadt, die zum Geldausgeben einladen. Und so erscheint es ganz natürlich, dass hier das Herz der *alta moda* schlägt. Neben dieser modernen Seite erweist sich die Stadt auch als Schatzkammer für den historisch interessierten Besucher. Denn aus allen Epochen ihrer mehr als 2000-jährigen Geschichte haben sich Zeugnisse von Kunst und Kultur erhalten.

Konzentriert ist all das in den Vierteln rund um den Stadtkern, dessen Mittelpunkt die **Altstadt** bildet. Um sie herum gruppiert sich die Stadt in konzentrischen Kreisen. Und das absolute Zentrum ist die Piazza del Duomo mit der Kathedrale und der Galleria Vittorio Emanuele, der schönsten Einkaufspassage der Stadt. Daneben ballen sich hier Verwaltungsgebäude und die Büros großer Firmen. Unter der Woche wird das Bild von den elegant gekleideten Brokern und Geschäftsleuten dominiert, die an den schönen Geschäften und Restaurants vorbei zu ihren Arbeitsplätzen eilen.

Teil derAltstadt ist das **Goldene Viereck**. Wer wissen will, was die Trends der aktuellen *alta moda italiana* sind, für den ist ein Streifzug durch das *quadrilatero d'oro* ein Muss. Auf dem kleinen Areal, das von Via Manzoni, Via della Spiga, Via Montenapoleone und Corso Venezia gebildet wird, sind alle vertreten, die in der Welt der Mode Rang und Namen haben. Die Modeschöpfer wetteifern um den Rang, den schicksten Laden zu haben, die außergewöhnlichste Präsentation zu bieten. Im Goldenen Viereck befinden sich auch einige der schönsten Cafés und schicksten Restaurants der Stadt, die zum Teil sogar von den Modezaren selbst betrieben werden. Wegen der schönen Palazzi lohnt sich ein Bummel durch das Viertel auch für Besucher, die sich für Mode nicht so sehr interessieren.

Exklusive Schmuckauslage

Im Goldenen Viereck: Einkaufsstraße Via Manzoni

Direkt hinter der Scala beginnt das **Brera-Viertel**, in dem man noch den Hauch der Boheme schnuppern kann. Die Brera ist nämlich nicht nur die bedeutendste Bildersammlung der Stadt, sondern im gleichen Haus befindet sich auch die Kunstakademie. Und was dort produziert wird, wird dann in den vielen Galerien für zeitgenössische Kunst des Viertels ausgestellt. Entsprechend kann man hier auch kleine Cafés und preiswerte Restaurants finden.

In dem vornehmen Wohnviertel zwischen **Corso Magenta** und **S. Ambrogio** lernt man den diskreten Charme der Mailänder *borghesia* kennen. Denn hinter den oft schlichten Fassaden verbergen sich wahre Paläste mit schattigen Innenhöfen und schönen Gärten. In den Nebenstraßen herrscht fast schon eine beschauliche Ruhe. Das bedeutet aber keineswegs, dass es im ganzen Viertel so betulich zugeht. Dafür sorgt die Katholische Universität bei der Kirche des Stadtpatrons Ambrosius. In ihrer Umgebung gibt es unzählige Bars und Kneipen, wo Studenten günstig ihren Hunger stillen können. Für Kunstbegeisterte ist das Abendmahl Leonardo da Vincis hier ein absoluter Höhepunkt.

Die Navigli, die Kanäle, waren einst die Lebensadern von Mailand. Auf ihnen wurde alles transportiert, was zur Versorgung der Metropole benötigt wurde. Von diesem Wegenetz haben sich nur der Naviglio Grande und der Naviglio Pavese erhalten. Nach Jahrzehnten des Verfalls boomt die Gegend nun. Eine Vielzahl von Lokalitäten und Läden lassen die ehemaligen Kleinbürgerhäuser zu begehrten Immobilien werden. Wer sich amüsieren will, der ist hier an der richtigen Stelle.

Die schönsten Touren

Ein Tag in Mailand

Abendmahl von Leonardo da Vinci › S. Maria della Grazie › Kloster S. Ambrogio › Peck Feinkost › Dom › Galleria Vittorio Emanuele › Scala › Goldenes Viereck

Dauer:
Gehzeit 5–6 Std.

Verkehrsmittel:
Zum Ausgangspunkt der Tour fährt man von der zentral gelegenen Piazza Cordusio (Ⓜ Linie 1) mit der Straßenbahnlinie 16 bis S. Maria delle Grazie. Von der Metrostation Ⓜ **Cadorna** kann man in knapp einer Viertelstunde zu Fuß zum Kloster San Ambrogio gelangen. Die Museen sind montags geschlossen, die Kirchen (mit Ausnahme des Domes) meist von 12 bis 15 Uhr.

Die Tour beginnt mit einem der Höhepunkte der Kunstgeschichte: dem **Abendmahl von Leonardo da Vinci** › S. 114. Allerdings muss man den Eintritt unbedingt rechtzeitig vorbestellen. Auch ein Blick in die Renaissancekirche **S. Maria delle Grazie** › S. 111 und in deren Kreuzgang lohnt sich. Von dort schlendern Sie über die ruhige Via Zenale mit ihren großbürgerlichen Mietshäusern und die Via San Vittore, an der sich das **Technikmuseum** › S. 116 befindet, zum Kloster von **S. Ambrogio** › S. 118. In der Kirche des Stadtpatrons taucht man in die Welt des Mittelalters ein.

Die Via Terraglio bringt Sie zum **Corso Como** › S. 107 und damit in die Realität zurück. Folgen Sie diesem Prachtboulevard an alten Palästen vorbei immer geradeaus, bis Sie schließlich über die geschäftige Via Meravigli vorbei an der Börse zur **Via Dante** › S. 75 kommen und Richtung Dom weiter gehen. Unterwegs lockt in der Via dei Spadari 9 der Gastronomie-Tempel **Peck** › S. 73. Wenn Ihnen von den auf drei Etagen feilgebotenen Spezialitäten das Wasser im Mund zusammen gelaufen ist: In der nahe gelegenen Italian Bar in der Via Cantù 3 werden die berühmten Tortellini von Peck mit einem Spitzenwein gereicht, den man auch glasweise bekommt.

So gestärkt geht es weiter zur **Piazza del Duomo** › S. 61. Dort erwartet Sie die strahlend weiße **Kathedrale** › S. 62, die drittgrößte Kirche

Der momumentale Dom ist ein Meisterwerk der italienischen Gotik

der Christenheit. Ein Muss ist der Aufstieg zum Dach des Doms (geöffnet Mo–So ab 9.30 Uhr). Der Blick auf die Stadt ist von dort oben atemberaubend! Wieder unten schlendert man durch die Passage **Galleria Vittorio Emanuele** › S. 85 mit ihren eleganten Geschäften. Zur Erholung bietet sich das Café **Zucca** direkt in der Galleria an › S. 86.

Direkt hinter der Galleria befindet sich das weltberühmte Opernhaus Mailands, die **Scala** › S. 87. Gegenüber erhebt sich der verspielte **Palazzo Marino** › S. 89, das heutige Rathaus. Links vorbei an dem Palazzo geht es dann über die Via delle Case Rotte und an der Apsis von **S. Fedele** › S. 89 vorbei zur Piazza Meda. Die dort links abzweigende Via Verri ist das Tor zum Modemekka des **Goldenen Vierecks** › S. 93, in dem ein ausführlicher Bummel lohnt. Die Via Verri geht in die Via Sant' Andrea über, und an deren Ende biegen Sie links in die Via della Spiga ein. Über die Via Gesù oder die Via Santo Spirito kommen Sie dann auf die **Via Montenapoleone** › S. 93. An deren Ende bringt Sie die Via Manzoni wieder Richtung Dom. Neben den Showrooms bekannter Designer sollten Sie einen Blick in den Laden der holländischen Stylisten Viktor & Rolf in der Via Sant' Andrea 14 werfen. Dort steht alles buchstäblich Kopf: Das Parkett befindet sich über den Köpfen, und man läuft auf der Decke. Eine Erfrischung gefällig? Eines der schönsten Cafés Mailands ist das **Café Cova** in der Via Montenapoleone 8 › S. 93.

Ein Wochenende in Mailand

Abendmahl von Leonardo da Vinci › Kloster S. Ambrogio › Peck Feinkost › Dom › Galleria Vittorio Emanuele › Scala › Goldenes Viereck › Navigli › Brera › Castello Sforzesco › Cimitero Monumentale

Dauer:

Die Gehzeiten betragen an beiden Tagen je 5–6 Std.

Verkehrsmittel:

Zu den Navigli fährt die Metrolinie 2 bis zur Stazione Ⓜ Porta Genova. Da das Programm viele Außenbesichtigungen beinhaltet, ist es eher für die schöneren Jahreszeiten gedacht. Für Restaurantbesuche sollte man vorbestellen oder früh kommen!

Der Samstag läuft nach dem Vorschlag für »Einen Tag in Mailand« ab. Danach haben Sie sich einen entspannten Abend verdient. Der richtige Ort dafür sind die **Navigli** › S. 129, das viel Flair bietende Ausgehviertel von Mailand an den Kanälen. Ab der Metrostation Porta Genova gelangen Sie die Via Vegevano hinunter zur **Darsena** › S. 129, dem ehemaligen Hafen. Dort reihen sich die verschiedensten Bars aneinander, eine der angesagtesten ist El Brellin in der Strada Alzaia am Naviglio Grande. Hunger? Nach einem kurzen Blick in den **Vicolo dei Lavandai** › S. 130, wo sich noch die alten Waschplätze erhalten haben, ist die »Luca e Andrea Café-Bar« › S. 28 an der Uferpromenade ein Tipp. Dort werden zu günstigen Preisen fantastische Gnocchi serviert (Via Alzaia Naviglio Grande 56).

Der Sonntag beginnt mit einem Besuch in der **Brera** › S. 101, der bedeutendsten Bildersammlung der Stadt. Bei schönem Wetter empfiehlt es sich, danach im **Parco Sempione** › S. 82 spazieren zu gehen und dort einen Drink und einen Snack in einem der Gartenlokale zu genießen. Der Park ist von der Brera aus in wenigen Minuten längs der Via Pontaccio und Via Tivoli zu erreichen. Bei schlechtem Wetter lädt der **Palazzo dell'Arte** › S. 82 mit seinem neu eröffneten Design-Museum zu einem Besuch ein. Zur Stadtmitte zurück gehen Sie am besten durch das mächtige **Castello Sforzesco** › S. 76 mit seinem riesigen Innenhof. Es beherbergt die städtischen Kunstsammlungen und besitzt mit der Pietà Rondanini das letzte Werk von Michelangelo. Über den Largo Cairoli und die Prachtstraßen Via Dante und Via Orefici geht es wieder Richtung **Dom** › S. 62. Jetzt, am späten Nachmittag, treffen sich dort die Mailänder, um zwanglos zu bummeln. Tun Sie es auch.

Ein verlängertes Genießerwochenende in Mailand

Dom › Galleria Vittorio Emanuele › Scala › Peck Feinkost › Cimitero Monumentale › Isola › Corso Como › Kloster S. Ambrogio › Abendmahl von Leonardo da Vinci › Castello Sforzesco › Navigli › Brera › Goldenes Viereck › Santa Maria presso San Satiro

Dauer:
Vier Tage, vorzugsweise von Do–So, mit je 4–5 Std. Gehzeit, am ersten Tag mit 5–6 Std. etwas länger

Verkehrsmittel:
Zum Dom fahren die Metrolinien Ⓜ 1 und 3, zum Cimitero Monumentale die Straßenbahnen Nr. 12 und 14 ab der Piazza Cordusio. Zu den Navigli fährt die Metrolinie 2 bis zur Stazione Ⓜ Porta Genova. Beachten Sie, dass montags die Museen geschlossen sind.

Beginnen Sie Ihre Genießertage am **Domplatz** › S. 61. Lassen Sie bei einem Espresso in einem der Cafés unter den Arkaden das Treiben auf sich wirken. Eine andere Perspektive der Stadt bietet sich Ihnen dann vom Dach der **Kathedrale** › S. 62. Gleich rechts neben dem Dom erhebt sich der **Palazzo Reale** › S. 65 mit seiner schlichten Fassade. Direkt daneben fand im **Palazzo dell'Arengario** › S. 66, einem Bau aus der Zeit des Faschismus, das städtische Museum für moderne Kunst im

Sieht das gut aus?

Frühjahr 2009 seine neue Heimat. Die andere Seite des Platzes wird von der **Galleria Vittorio Emanuele** › S. 85 eingenommen. Ihre Architektur spiegelt die mondäne Pracht der Belle Époque wider. Ein Muss ist der Besuch im Café **Zucca** › S. 86, wo Mailands Nationalgetränk, der Campari, das erste Mal ausschenkt wurde.

Durch die Galleria geht es zur Piazza della Scala, wo das weltberühmte Opernhaus steht. Im Museum der **Scala** › S. 87 erzählen Kostüme und Bühnenbildentwürfe die glanzvolle Geschichte des Hauses. Für ein *pranzo*, ein Mittagessen, ist der beste Platz die Gegend um die nahe Piazza Cordusio, wo die Börsianer ihre Mittagspause verbringen. Besonders stilvoll, aber nicht ganz billig ist die Italian Bar (Via Cantú 3). Noch nicht hungrig? Bei **Peck** › S. 73, dem gut 3000 m^2 großen Delikatessengeschäft in der Via Spadari, werden Sie es sicher.

Mit der Straßenbahn geht es von der Piazza Cordusio zum **Cimitero Monumentale** › S. 106. Dort versuchten die Mailänder Bürger auch nach ihrem Ableben ihren Reichtum durch imposante Gräber unter Beweis zu stellen. Die Via G. Ferrari bringt Sie zum Bahnhof Porta Garibaldi. Von dort bis zur Stazione Centrale erstreckt sich das Viertel **Isola** › S. 109 mit seinen kleinen Läden und Werkstätten. Direkt an der Stazione Garibaldi befindet sich die Fußgängerzone **Corso Como** › S. 107. Nach einem Bummel durch die dortigen Boutiquen tut ein Snack gut, z.B. von der Bäckerei Princi an der Piazza XXV Aprile 5. Die ausgezeichnete Pizza übereichen dort von Armani eingekleidete Angestellte.

Der nächste Besichtigungstag beginnt an der Kirche von **S. Ambrogio** › S. 118 mit ihrer mittelalterlichen Ausstattung (Metro M2, S. Ambrogio). Dass Leonardo auch Erfinder war, kann man im **Technikmuseum** › S. 116 in der Via San Vittore erfahren. Sein Meisterwerk als Maler hinterließ er im fünf Gehminuten entfernten Kloster von **Santa Maria delle Grazie** › S. 111. Nach jahrzehntelanger Restaurierung kann man das **Abendmahl** › S. 114 trotz seines ruinösen Zustandes jetzt wieder bewundern (Eintritt unbedingt vorbestellen!). Der Chor der Kirche ist übrigens ein Meisterwerk Bramantes.

Die grüne Oase Mailands ist der **Parco Sempione** › S. 82 hinter dem Castello Sforzesco. Im **Palazzo dell'Arte** › S. 82 im Park findet seit den 30er-Jahren die Kunstschau der Triennale statt, angegliedert ist ein sehenswertes Design-Museum. Im trutzigen **Castello Sforzesco** › S. 76 ist die Pietà Rondanini, Michelangelos letztes Werk, einer der Höhepunkte der städtischen Kunstsammlungen. Zum Dom zurück bummelt man über die **Via Dante** › S. 75.

Mit einem Besuch der Bildergalerie **Brera** › S. 101 beginnt der dritte Tag. Zu sehen sind die Werke aller bedeutenden Maler Italiens seit dem Mittelalter. Danach können Sie zeitgenössische Kunst in den Galerien um die Kunstakademie betrachten, bevor es Richtung Via Manzoni geht. Dort beginnt das legendäre *quadrilatero d'oro* › S. 93, das Modekarrée. Allein die Auslagen der Läden sind den Besuch der Gegend wert. Dem Körper Gutes tun können Sie zu Preisen ab 80 Euro in der Dolce & Gabbana Beauty Farm (Corso Venezia 15). Am Nordostrand des *quadrilatero*, jenseits der Via Senato, befinden sich die **Giardini Pubblici** › S. 99, die zum Spazierengehen einladen. Filmfreunde schauen dort im **Museo del Cinema** › S. 99 vorbei. Ein abendlicher Höhepunkt ist der Besuch einer Aufführung in der **Scala** › S. 87.

Am Ihrem letzten Tag lohnen die **Navigli** › S. 129 einen Bummel. Ganz besonders am letzten Sonntag im Monat, wenn dort ein Antikmarkt abgehalten wird. Für einen Mittagssnack gehen Sie dann in die »Luca e Andrea Café-Bar« › S. 28, wo es köstliche Nudelgerichte gibt. Zurück Richtung Altstadt queren Sie die Piazza Ticinese und spazieren über den Parco delle Basiliche zu **San Lorenzo** › S. 122. Durch die **Porta Ticinese** › S. 125 und an den antiken Säulen vor San Lorenzo vorbei gelangen Sie zum Corso Torino. Die Kirche **Santa Maria presso San Satiro** › S. 70 lohnt mit ihrer perspektivischen Scheinapsis immer einen Besuch, was auch für die nahe gelegene Bildergalerie **Ambrosiana** › S. 72 gilt, die das einzige Tafelbild Leonardos in Mailand besitzt.

Touren und Ausflüge

Touren in der Stadt	Stadtviertel	Dauer	Seite
Vom Dom zum Parco Sempione	Altstadt	3–4 Std.	61
Tempel der Eitelkeit	Quadrilatero	4–5 Std.	85
Zu Kunst und Kirchen	Brera-Viertel	5–6 Std.	101
Auf den Spuren der ältesten Mailänder Kirchen	Magenta und San Ambrogio	4–5 Std.	111
Kulinarisches am Wasser	Navigli	1–1,5 Std.	129
Ausflüge	**Lage**	**Dauer**	**Seite**
Certosa di Pavia und Pavia	15 km nördlich	5–6 Std.	133
Monza	20 km südwestlich	5–6 Std.	135

Klima und Reisezeit

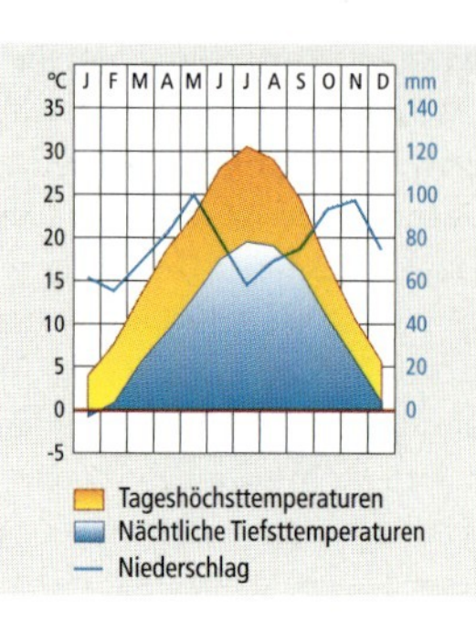

Die Nähe zu den Alpen und das wasserreiche Umland sind die bestimmenden Faktoren für das Mailänder Klima. Die Winter sind meist kalt, ein eisiger Wind weht durch die Stadt. Selten fällt Schnee, dafür trifft man ab November häufig auf Nebel. Mit dem Frühjahr steigen die Temperaturen merklich, doch fallen häufig bis Ende Mai noch Niederschläge. In den schwülen und heißen Monaten Juli und August schaffen vereinzelte Gewitter ab und an etwas Abkühlung. Im September und Oktober erlebt die Stadt nochmals schöne Tage, bis dann ab November der Nebel wieder einsetzt.

Reisezeit

Vom Wetter her sind die Monate April bis Juni und die Zeit ab Mitte September bis Ende Oktober ideal für einen Mailandaufenthalt. Zu Messezeiten › S. 56 sind allerdings die Hotels oft ausgebucht. Mit Beginn der Schulferien von Mitte Juni bis Mitte September leert sich die Stadt. Die Scala und die anderen Theater beenden die Saison. Den August nutzen viele Gastronomen und kleine Läden für Betriebsferien. Das Leben kehrt erst im September wieder in die Stadt zurück. Höhepunkt des Jahres für die Mailänder ist das Fest ihres Stadtpatrons Ambrosius am 7. Dezember mit seinem Jahrmarkt, Musikfreunde freuen sich am gleichen Tag über die traditionelle Eröffnung der Opernsaison in der Scala. Ohne Touristen erlebt man die Stadt im Winter.

Anreise

Mit dem Auto

Schnellste Anfahrtswege nach Mailand sind von Basel aus die St.-Gotthard-Autobahn und von München die Brennerautobahn bzw. die Strecke über Lindau,

Chur und den San Bernardino. Um Mailand herum ist ein großer Autobahnring gelegt (*tangenziali*), der mehr als 20 Abfahrten hat und so in jeden Sektor der Stadt führt. Die Nutzung der italienischen Autobahnen ist gebührenpflichtig. Bargeldlos zahlt man mit einer Kreditkarte oder der Viacard, die man beim Automobilklub bekommt.

Außerhalb von Ortschaften muss grundsätzlich mit Abblendlicht gefahren werden. Das Mitführen einer Signalweste (Prüfzeichen EN 471) im Fahrerraum ist vorgeschrieben. Sie muss bei Verlassen des Autos auf Autobahnen und Landstraßen getragen werden.

Wer nur für einen Tag in Mailand ist, für den empfiehlt sich, das Auto einem der 160 000 Parkplätze bei den Metrostationen am Stadtrand abzustellen und mit der U-Bahn in die Stadt zu fahren. Bis acht Stunden kosten die *parcheggi di corrispondenza* 1,60 €, danach 2,10 € (www.comune.milano.it). Im Zentrum kann man sein Auto in den blau gekennzeichneten Parkzonen abstellen. Einen Parkschein (*gratta e sosta*) erhält man bei den Parkwächtern oder in den Tabakläden. Daneben gibt es Parkhäuser, die meist überfüllt und sehr teuer sind.

Mit dem Flugzeug

Die Flughäfen Milano-Linate und Milano-Malpensa werden mehrmals täglich von zahlreichen europäischen Städten aus angeflogen (www.sea-aeroportimilano.it). Billigflieger steuern oft den bei Bergamo gelegenen Flughafen Orio al Serio an (www.sacbo.it).

Von Linate aus gelangt man alle 10 Min. mit dem Stadtbus 73 in 30 Min. zur Piazza Santa Babila im Zentrum oder mit dem Starfly-Flughafenbus zur Stazione Centrale (einfache Fahrt 4 €, www.autostradale.com). Mit dem Taxi kommt man am schnellsten in die Stadt. Man sollte nur die autorisierten, weißen Taxis benutzen, die durch einen Aufkleber *taxi autorizzato per il servizio aeroportuale lombardo* gekennzeichnet sind. Die Fahrt kostet etwa 25 €, man sollte sich vor dem Einsteigen aber über den genauen Preis vergewissern.

Der Flughafen Malpensa liegt etwa 50 km nordwestlich von Mailand. Von dort fahren die Busse der Starfly-Linie alle 20 Min. zum Hauptbahnhof im Stadtzentrum (Fahrdauer ca. 1 Std., 7,50 €, Kinder von 2 bis 12 Jahren die Hälfte, www.autostradale.com). In 40 Min. bringt der Malpensaexpress Reisende vom Bahnhof Milano Nord/Cadorna (gleich westlich vom Parco Sempione) zum Flughafen. Vorher gelöste Fahrschein kosten einfach 11 € (Ticket vor Fahrtantritt abstempeln), im Zug 13,50 € (www.malpensaexpress.it). Taxis kosten ca. 75 €.

Der östlich von Mailand an der Autobahnausfahrt Bergamo gelegene Flughafen Orio al Serio ist durch eine halbstündlich verkehrende Buslinie mit dem Mailänder Hauptbahnhof verbunden. Die Fahrt dauert ca. 1 Std., der Fahrpreis beträgt 8,90 €. Der Fahrplan kann unter www.autostradale.com abgerufen werden.

Mit der Straßenbahn zum Sightseeing ins historische Zentrum

Mit dem Zug

Ein Schnellzugstreckennetz verbindet alle größeren Städte in Deutschland, Österreich und der Schweiz mit dem Mailänder Bahnhof, der *Stazione centrale*. Er ist Knotenpunkt für ganz Oberitalien. Zugauskunft: www. ferroviedellostato.it oder Tel. 0 26 55 20 78. Der Hauptbahnhof ist durch die Linien 2 und 3 an das U-Bahnnetz angeschlossen.

Stadtverkehr

Öffentliche Verkehrsmittel

Das Netz der öffentlichen Verkehrsmittel ist sehr gut ausgebaut und sehr preiswert. Einen Plan erhält man kostenlos bei der ATM (*Azienda Trasporti Municipali*), an der Metro-Station Ⓜ Duomo (Mo–Sa 7.45 bis 20.15 Uhr) sowie bei den APT-Büros. Metro, Bus und Straßenbahnen fahren von etwa 4 bzw. 6 Uhr morgens bis 1 Uhr nachts durchgehend, die Linien 29 und 30 verkehren sogar bis 2 Uhr nachts. Weitere Informationen: www.atm-mi.it und gebührenfrei unter Tel. 8 00 80 81 81 (tgl. 7.30–19.30 Uhr). Hier erhält man auch Infos, wenn man mit dem Rollstuhl oder Kinderwagen unterwegs ist.

Fahrkarten (*biglietti*) für die Metropolitana, den Auto- oder Filobus sowie für die Trambahn erhält man zu einem Einheitspreis in *tabacchi*-Läden, kleinen Bars sowie an den Zeitungsständen in der Metropolitana (U-Bahn). Die Fahrscheine müssen durch Abstempeln entwertet werden. Einzelfahrscheine sind für Kinder unter einem Meter gratis. Mit einem Einzelfahrschein (1 €) kann man 75 Min. lang das Verkehrsnetz nutzen, nur der Wechsel in die Metro ist nicht inbegriffen. Für Touristen gibt es Ein- und Zweitageskarten; 24 Stunden kosten 3 €, 48 Stunden 5,50 € (Kinder unter 6 Jahren kostenlos), jeder Erwachsene kann bis zu zwei Kinder bis 10 Jahre gratis mitnehmen (Altersnachweis erforderlich). Auch für Gepäckstücke muss ein Fahrschein gelöst werden (1 €).

Taxi

Die weißen Mailänder Taxis sind nicht leicht zu bekommen, bestellen kann man sie über Tel. 02 40 40 oder 02 85 85. Ab 22 Uhr wird ein Aufpreis von 3,10 € verlangt. Auch Gepäck, Fahrten an Sonn- und Feiertagen sowie zum Flughafen kosten Zuschläge. Achten Sie darauf, dass es sich um ein reguläres Taxi mit Taxameter handelt.

Der Ecopass

Um der wachsenden Luftverschmutzung Herr zu werden, ist die Zufahrt in das Innenstadtgebiet Mailands für emissionsstarke Fahrzeuge seit Anfang 2008 eingeschränkt worden. Die Zone wird durch den *Cerchia dei bastoni,* die Ringstraße, begrenzt. Wer von Montag bis Freitag im Zeitraum von 7.30 bis 19.30 Uhr in dieses Gebiet mit einem Auto hineinfahren will, der muss folgendes beachten: Das Auto muss mit einer offiziellen EU-Norm-Schadstoffplakette ausgerüstet sein. Fahrzeuge mit Benzinmotor der Klassen 3 und 4 und Dieselfahrzeuge der Kategorie 4 haben freie Zufahrt in die Innenstadt, ebenso Hybrid-, Elektro- und gasbetriebene Kraftwagen. Für Benziner der Klasse 1 und 2 muss eine Maut von 2 € entrichtet werden (ecopass 3), während Dieselfahrzeuge der Kategorie 2 und 3 und Benziner der Klasse 0 täglich 5 € zahlen müssen (ecopass 4). Für alle anderen Fahrzeuge beträgt die Maut 10 €. Den Ecopass erhält man in allen Tabbacchi-Läden im Stadtgebiet und auch online unter www.comune.milano.it/ecopass.

Special

Mit Kindern in der Stadt

Die beste Art, sich in Mailand fortzubewegen, sind die öffentlichen Verkehrsmittel. Dies gilt auch, wenn man mit Kindern die Stadt besucht. Leider sind einige der Metrostationen nicht kinderwagengerecht ausgestattet. Aber keine Sorge: Die kinderlieben Mailänder helfen gerne bei Treppen. Mit Touristenkarten fahren Kinder unter sechs Jahren kostenlos (bei Einzelfahrscheinen bis 1 m Größe) und jeder Erwachsene kann bis zu zwei Kinder bis zehn Jahre gratis mitnehmen, einzig ein Altersnachweis ist nötig.

Spielplätze

Kinder stört an Innenstädten meist, dass sie ihren Bewegungsdrang nicht ausleben können. Deshalb bietet sich ein Besuch in einem Park an. Besonders zu empfehlen sind hierbei die **Giardini Pubblici** › S. 97. Ein ausgedehnter Spielplatz für Kinder bis zwölf Jahren an der Villa Belgoijoso Napoleone lädt dort zum Tollen und Toben ein. Auch im **Parco Sempione** › S. 82 gibt es mehrere Spielplätze. Und wie wäre es mit einem improvisierten Picknick auf einer der zahlreichen Wiesen, die man betreten darf?

Museen

Am Rand der Giardini Pubblici befinden sich mit dem **Museo della Scienza Naturale** und dem **Planetarium** für Kinder interessante Attraktionen. Im Naturkundemuseum kann man die gesamte Entwicklung der Fauna von den Dinosauriern (Höhepunkt: ein Dino-Ei) bis zur Gegenwart nachvollziehen (Corso Venezia 55, Mo geschl., Fr ab 14 Uhr freier Eintritt). Und die Vorführungen im Planetarium sind zwar auf Italienisch, ziehen aber trotzdem Jung und Alt in ihren Bann (Corso Venezia 57, Vorführungen Sa u. So 15 u. 16.30 Uhr). Das städtische Aquarium am Südostrand des Parco Sempione mit seinen Becken und Ausstellungen, die ökologisches Bewusstsein fördern sollen, ist für Besucher jeder Altersstufe ein Erlebnis (Via Gadio 2, Mo geschl., freier Eintritt). Wer sich eher für Maschinen interessiert, der wird im **Technikmuseum** nicht enttäuscht werden. Kinder können dort von Modellen nach Leonardos Entwürfen über Lokomotiven bis zu einem echten U-Boot alles finden, was kleine Daniel Düsentriebs begeistert (Via San Vittore 21, Mo geschl.).

Rundfahrten

Eine Fahrt in einer der mehr als 50 Jahre alten, **historischen Straßenbahnen**, die auf den Linien 1 und 2 regulär verkehren, ist ein Erlebnis für Kinder. Wer sich lieber gemächlicher und zu Wasser fortbewegen will, der kann dies mit dem Boot auf den Navigli tun. Ab der Anlegestelle Via Alzaia Naviglio Grande 66 werden von April bis September dreimal täglich **Rundfahrten auf den Kanälen** angeboten (Fahrplan unter www.naviglilombardi.it, Reservierung unter Tel. 0 26 67 91 31).

Spielzeugläden

Der Spielzeugladen **Cittá del Sole** hat nur anspruchsvolles Spielzeug im Sortiment, etwa Modellbaukästen nach Erfindungen Leonardos, die die Phantasie und den Erfindungsreichtum von Kindern stimulieren (Via Orefici 13). Auch im **Il Mondo è Piccolo** wird man Ramsch aus Plastik vergeblich suchen, dafür aber Sachen finden, die Kindern wirklich Freude machen (Via Cesare da Sesto 19).

Um ihre Kleinen mit dem Luxus der *alta moda* zu verwöhnen, hier noch ein Tipp: **I Pinco Pallino** verwandelt Kinder mit seinen handgearbeiteten Kreationen in kleine Prinzessinnen – allerdings auch zu einem königlichen Preis (Via della Spiga 42).

Unterkunft

Ob großherrschaftlich oder klösterlich, ob postmodern oder asketisch – wie auch immer man sein Haupt betten möchte, Mailand bietet für jeden etwas. Bequem ist man meist schon in Hotels mit zwei Sternen untergebracht, die Zimmer sind dann aber häufig recht eng. In der Klasse der Dreisternehotels gibt es große qualitative Unterschiede, die sich aber nicht im Preis niederschlagen. Hier sollte man auf jeden Fall das Preis-Leistungs-Verhältnis überprüfen. Die Vier- und Fünfsternehäuser bieten jeden nur erdenklichen Komfort zu hohen Preisen. In der höchsten Kategorie redet man lieber gar nicht erst über Geld. Während der großen Messen muss man mit deutlich höheren Zimmerpreisen rechnen.

Im Fremdenverkehrsbüro der APT (Via Marconi 1, am Domplatz) erhalten Sie eine Hotelliste. Zimmerreservierungen sind über das **Centro Prenotazioni Hotel Italia** (Tel. 02 29 53 16 05, Fax 02 29 53 15 85, www.book-a-hotel-in-milan.com) möglich.

Luxushotels

■ **Le Méridien Gallia**
Piazza Duca d'Aosta 9
Tel. 0 26 78 51
www.starwoodhotels.com

Das 1932 eröffnete **Jugendstil-Hotel** der Starwood-Hotelgruppe liegt in der Nähe der Stazione Centrale im Brera-Viertel. ●●●

■ **Hotel Carrobbio**
Via Medici 3
Tel. 02 89 01 07 40
www.hotelcarrobbiomilano.com
Kleines Hotel in einer ruhigen Straße der Altstadt mit viel Atmosphäre. Tolles Frühstück. ●●●

■ **Sheraton Diana Majestic**
Viale Piave 42
Tel. 0 22 05 81
www.starwoodhotels.com
Der Jugendstilpalast hat sein verwunschenes Flair von einst zwar eingebüßt, ist aber dennoch ein kleines Paradies inmitten der Altstadt. Unbedingt ein Zimmer zum Garten hin reservieren, vorne fährt die Straßenbahn. ●●●

■ **Hotel Pierre Milano**
Via De Amicis 32
Tel. 02 72 00 05 81
www.hotelpierremilano.it.
Luxushotel in S. Ambrogio mit futuristischen Extras: Die Vorhänge lassen sich beispielsweise vom Bett aus per Fernbedienung schließen. ●●●

■ Hotel Principe di Savoia
Piazza della Repubblica 17
Tel. 0 26 23 01
www.hotelprincipedisavoia.com
Nobelherberge im Goldenen Viereck voller Grandezza aus den 1920er-Jahren. Mit edlen Stilmöbeln und Damasttapeten ausgestattete Zimmer. ●●●

■ **Grand Hotel et de Milan**
Via Manzoni 29
Tel. 02 72 31 41
www.grandhoteletdemilan.it
Seit 1863 zieht das klassische Grandhotel Milan besonders die Größen aus der Welt der Musik an: Verdi, Caruso

und die Callas. Das Hotel liegt direkt an der Via Montenapoleone im Goldenen Viereck. ●●●

Alla milanese

■ **Ariston**

Largo Carróbbio 2
Tel. 02 72 00 05 56
www.aristonhotel.com
1991 als erstes ökologisches Hotel Mailands in S. Ambrogio eröffnet. Alle verwendeten Materialien sind naturbelassen und umweltverträglich, die Hygieneartikel biologisch abbaubar. Das Frühstücksbüffet offeriert Köstlichkeiten aus biologischem Anbau. ●●

■ **Hotel Gran Duca di York**

Via Moneta 1/a
Tel. 02 87 48 63
www.ducadiyork.com
Im früheren Gästehaus der Biblioteca Ambrosiana in der Altstadt resiedierten die angehenden Kardinäle. Die Zimmer sind klein, aber nett eingerichtet, manche haben einen Balkon. ●●

■ **Hotel Palazzo delle Stelline**

Corso Magenta 61
Tel. 0 24 81 84 31
www.hotelpalazzostelline.it
130-Betten-Hotel im Stadtteil Magenta in einem Waisenhaus des 16. Jhs., das später auch als Armenspital und Kloster diente. Schon beim Blick in den idyllischen Innenhof fühlt man sich in vergangene Zeiten versetzt. ●●

■ **Hotel Manzoni**

Via Santo Spirito 20
Tel. 02 76 00 57 00
www.hotelmanzoni. com
Liebevoll eingerichtetes Haus mitten im Goldenen Viereck unweit der Via Montenapoleone mit sehr netter Atmosphäre. Hervorragendes Preis-Leistungs-Verhältnis. ●●

Echt gut!

Die schicksten Designhotels

■ **3 Rooms**
Mailänder Lifestyle-Tempel im Brera-Viertel, drei großzügige Suiten mit eigenem Eingang **(Corso Como 10, www.3rooms-10corsocomo.com).** ●●●

■ **Bulgari**
Stilvoll von Antonio Citterio gestaltete Zimmer mit Blick auf den Botanischen Garten **(Goldenes Viereck, Via privata Fratelli Gabba 7/b, www.bulgarihotels.com).** ●●●

■ **Carlyle Brera Hotel**
Von Künstlern gestaltetes Hotel im Brera-Viertel, Leihfahrrad im Preis inklusive **(Corso Giuseppe Garibaldi 84, www.brerahotels. com).** ●●●

■ **Enterprise Hotel**
Von den in der Fashionindustrie Beschäftigten frequentiertes Design-Hotel **(Altstadt, Corso Sempione 91, www.enterprisehotel.com).** ●●

■ **Four Seasons**
Luxuriöse Idylle in der Altstadt mit Marmor, Säulengängen, Fresken und pflanzenumranktem Innenhof in einem ehemaligen Kloster aus dem 15. Jh. **(Via del Gesù 6–8, www. fourseasons.com/milan).** ●●●

■ **Hotel Hyatt Park**
Gestaltet von Designer Ed Tuttle mit viel hellem Travertin **(Altstadt, Via Tommaso Grossi 1, www.milan.park. hyatt.com).** ●●●

■ **Hotel Spadari al Duomo**
Ein Gesamtkunstwerk, 1991 von Urbano Pierini postmodern umgebaut, Mobiliar und Zimmerdekoration von Ugo La Pietra **(Altstadt, Via Spadari 11, www.spadarihotel. com).** ●●●

■ **Bristol**
Via Scarlatti 32, Tel. 0 26 69 41 41
www.hotelbristolmil.it
Beim Bahnhof gelegenes Hotel des Brera-Viertels, dessen Bäder mit Jacuzzi zum Entspannen einladen. ●●

■ **Manin**
Via Manin 7, Tel. 0 26 59 65 11
www.hotelmanin.it
Modernes Haus mit Blick auf die Giardini pubblici am Rasnd des Goldenen Viertels. Es gibt Zimmer mit **Terrasse zum Hotelgarten** hin. ●●

Echt gut!

■ **Antica Locanda Solferino**
Via Castelfidardo 2, Tel. 0 26 57 01 29
www.anticalocandasolferino.it
Charmante Bleibe mit nur 11 Zimmern mitten im Brera-Viertel. Hier wohnt man nicht nur gemütlich, sondern isst auch noch hervorragend. ●–●●

■ **Nuovo Hotel**
Piazza Beccaria 6, Tel. 02 86 46 44 44
www.hotelnuovomilano.com
Direkt beim Dom in der Altstadt, aber in ruhiger Lage und mit vernüftigen Preisen. ●–●●

■ **Hotel del Sole**
Via Spontini 6, Tel. 02 29 51 29 71
www.delsolehotel.com
Geräumige und saubere Zimmer im Brera-Viertel unweit der Stazione Centrale, von denen zwei sogar Terrassen haben. ●

Solide und preiswert

■ **Alga**
Via del Mare 93, Tel. 0 28 46 40 41
www.hotel-alga-milano.it
Dreisternehotel mit guter Verkehrsanbindung im Süden Mailands. ●●

■ **Antica Locanda Leonardo**
Corso Magenta 78
Tel. 02 48 01 41 97
www.anticalocandaleonardo.it
Gleich neben Leonardos »Abendmahl« im Stadtteil Magenta nächtigt man in Zimmern, die sich um einen mit Glyzinien bewachsenen Innenhof gruppieren. ●●

■ **Hotel Casa Mia**
Viale Vittorio Veneto 30
Tel. 0 26 57 52 49
www.casamiahotel.it
Kleines, sauberes Hotel am Rande des Goldenen Vierecks bei den Giardini publicci, das ein gutes Preis-Leistungs-Verhältnis bietet. ●–●●

■ **Hotel Vecchia Milano**
Via Borromei 4, Tel. 02 87 50 42
www.hotelvecchiamilano.it
Einfaches, aber gutes Hotel im historischen Zentrum, der Altstadt. Wer sich frühzeitig anmeldet, kann ein Zimmer zum Hof verlangen. ●

■ **Hotel Due Giardini**
Via Benedetto Marcello 47
Tel. 02 29 52 10 93
www.hotelduegiardini.it
Das einfache, aber gepflegte Haus in Nähe der Stazione Centrale (Brera-Viertel) besitzt einen Garten, wo man während der schönen Jahreszeit auch frühstücken kann. ●

Hostels

■ Wer mit der Mailänder Subkultur in Kontakt kommen will, der sollte sich im **Il Postello** einmieten. In dem selbstverwalteten Kulturzentrum zahlt man für einen Schlafplatz im Mehrbettzimmer 10 € und lernt dabei noch interessante Leute kennen **(Via della Pergola 5, Tel. 33 31 75 22 72, http://postello.reality hacking.org)**. ●

■ Die Mailänder **Jugendherberge Piero Rotta** befindet sich am **Viale Salmoiraghi 2, Tel. 02 39 26 70 95, www.ostellionline.org**

Essen und Trinken

Dass Mailand ein Verkehrsknotenpunkt der verschiedenen Handelswege war, merkt man vor allem der Küche an. Nicht nur eine Vorliebe für Eintöpfe mit den kuriosesten Zutaten deutet auf eine Völkervielfalt hin, die ihre Spuren im Kochtopf hinterlassen hat. Die Mailänder schauten auch selbst gern mal in die Rezepturen der Nachbarn. Von den Österreichern übernahmen sie ihre Vorliebe für Paniertes. Ob die *costoletta alla milanese* – ein in Ei gewendetes, paniertes und in Butter gebackenes Kalbsschnitzel – Vorbild für das Wiener Schnitzel war oder umgekehrt, ist bis heute eine heiße Streitfrage. Die Küche der Lombardei ist deftig und üppig. Wie die Speisekarten beweisen, gibt man dem *risotto* (Reis) gegenüber der *pasta* eindeutig den Vorzug, und anstelle des Olivenöls verwendet man lieber Butter.

Zum Essen gehen die Mailänder am liebsten außer Haus. In dem geschäftigen Hin und Her zwischen Büro, Börse und gesellschaftlichen Veranstaltungen bleibt meist keine Zeit, um selbst zu kochen. Den Tag beginnt man in der Bar um die Ecke mit einem *espresso* oder *cappuccino* und einer *brioche*, einem frischen Hörnchen. Wer unter Zeitmangel leidet, der gönnt sich in der kurzen Mittagspause nur ein belegtes Brötchen *(panino)* aus einer *paninoteca*, eine stilechte und häufig bessere Alternative zu der im Zentrum wild um sich greifenden Fast-Food-Welle. Ansonsten isst man mittags in einer *trattoria* oder in einem *ristorante*, die im Mailänder Zentrum zwischen 13 und 14 Uhr manchmal hoffnungslos überfüllt sein können.

Üblicherweise besteht ein Essen aus mehreren Gängen. Als Vorspeise (*primo*) sollten Sie z.B. *minestrone alla milanese*, Gemüsesuppe mit unterschiedlichen Zutaten, *zuppa pavese*, Fleischbrühe mit geröstetem Brot, Ei und Käse, *risotto alla milanese*, in Butter und Zwiebeln angedünsteten Reis, der mit Weißwein abgelöscht und mit Safran und geriebenem Parmesankäse gewürzt wird, oder *risotto ai funghi*, Reis mit Pilzen, bestellen. Als Hauptgang (*secondo*) empfiehlt sich *ossobuco*, eine Kalbshaxe mit *risotto* oder *polenta* (Maisbrei), eine *cassouela* mit Schweinefleisch, Wurst, Wirsing

Pasta-Variantionen

und Speckschwarte, *stufato*, ein mit Kräutern gewürzter Rinderschmorbraten, oder *busecca*, ein deftiger Eintopf mit Kutteln, Ochsenschwanz, Kichererbsen, Bohnen, Sellerie und Suppengrün. Als Nachspeise kann man zwischen *frutta* (Obst), *formaggio* (Käse) oder *dolce* (Süßspeisen) wählen und das ausgiebige Mahl am Ende mit einem Espresso abrunden.

Wer nicht so groß tafeln will, der kann das auch. Selbst in guten Restaurants ist es heute kein Problem mehr, nur einen Gang zu essen. Beim Hauptgericht sollte man beachten, dass die Beilagen (*contorni*) separat bestellt werden müssen. Meist erscheint auch auf der Rechnung ein Betrag für das Gedeck (*coperto*). In Restaurants ist ein Trinkgeld von ca. 10 % üblich, während man in Bars meist darauf verzichtet.

Am frühen Abend füllen sich die Bars, wenn sich die Mailänder zum *aperitivo* oder auf eine *zucca*, einen schwarzbraunen Rhabarberlikör, treffen, zu dem man Salzgebäck und Oliven nascht. Oft wird gratis ein kleines Buffet angeboten, an dem man sich bedienen kann. In den Bars bezahlt man zunächst an der Kasse und gibt seinen Bon an der Theke ab.

Italiener bleiben in der Bar meist stehen, denn am Tisch bezahlt man einen Aufschlag. Vorsicht ist vor allem bei den Cafés im Zentrum geboten: Nimmt man dort für einen Kaffee an einem der Tische Platz, scheint bei der Rechnung gleich die Hausmiete mit einbezogen worden zu sein.

Restaurants Altstadt

■ Cracco-Peck

Via Victor Hugo 4
Tel. 02 87 67 74
tgl. außer So

Carlo Cracco ist einer der besten Köche Italiens. Dem stets gut besuchten Restaurant ist ein verführerisches Delikatessengeschäft angeschlossen. ●●●

■ Just Cavalli Café

Parco Sempione, am Fuß der Torre Branca
Tel. 02 31 18 17
www.justcavallicafe.com
So mittags geschl.

Ob zum Essen oder nur für einen Cocktail an der Bar, das Restaurant von Roberto Cavalli ist ein Highlight. ●●●

■ Italian Bar

Via Cesare Cantù 3
Tel. 0 28 69 30 17
Mo–Sa 7.30–20 Uhr

Wer die berühmten Tortellini von Peck genießen will, der kann dies in der American Bar mit einem Spitzenwein tun, der hier glasweise angeboten wird. ●●

■ Di Gennaro

Via Santa Ragegonda 14
Tel. 0 28 05 34 54

Wer nach der Scala noch Lust auf Nudeln oder Holzofenpizza verspürt, der ist hier am richtigen Ort. ●–●●

■ Charleston

Piazza del Liberty 8
Tel. 02 79 86 31
www.ristorantecharleston.it
tgl. geöffnet

Restaurant hinter dem Dom in einem Jugendstilhaus, ausgezeichnete Pizza mit Büffelmozzarella. ●

■ Dai Damm

Via Torino 34
Tel. 02 86 45 34 82

Di abends geschl.
Zum Mittagessen beliebte Trattoria mit guter, italienischer Küche. ●

■ **Luini**
Via Santa Radegonda 16
Tel. 02 86 46 19 17
www.luini.it
Mo–Sa 10–20 Uhr
Hier gibt es Teigtaschen *(panzerotti)* mit verschiedensten Füllungen. ●

Restaurants Goldenes Viereck

■ **Bagutta**
Via Bagutta 14
www.bagutta.it
Tel. 02 76 00 27 67
tgl. außer So
Toskanische Spezialitäten und künstlerisch angehauchtes Publikum. ●●

■ **Il Salumaio di Montenapoleone**
Via Montenapoleone 12
Tel. 02 76 00 11 23
Mo–Sa 12–18.30 Uhr
Beste Wurstwaren, im überdachten Innenhof wird auch wunderbare Pasta serviert. ●●

Restaurants Brera

■ **10 Corso Como Café**
Corso Como 10, Tel. 02 29 01 35 81
Vegetarisches in eleganter Shopping-Atmosphäre, schöner Innenhof. ●●

■ **Joya**
Via P. Castaldi 18, Tel. 02 29 52 21 24
Eines der besten vegetarischen Restaurants Italiens. ●●

■ **Osteria del Treno**
Via San Gregorio 46/48
Tel. 0 26 70 04 79
Mittags öffentlich zugängliche Kantine der Eisenbahner mit schmackhaften Gerichten, abends gibt es eine **verführerische Speisekarte**. Jugendstil-Ambiente im neu eröffneten Saal. ●●

Beliebt: Campari als Aperitif

■ **Da Martino**
Via Carlo Farini 8, Tel. 0 26 55 49 74
Mi geschl.
Bodenständige Küche wie aus der guten alten Zeit. ●–●●

■ **All'Isola**
Corso Como 10, Tel. 0 26 57 16 24
Di mittags geschl.
Im Sommer sollte man auf dem Corso die Pizze und italienischen Spezialitäten genießen. ●

■ **Vita Sana**
Via C. Cesariano 14
Tel. 02 33 61 15 74
abends und Sa/So geschl.
Vegetarisches Restaurant mit Selbstbedienung. Auch Take-away. ●

■ **Princi**
Piazza XXV Aprile 5
Tel. 02 29 06 08 32
www.princi.it
tgl. 6–24 Uhr
In der Bäckerei gibt es ausgezeichnete Pizza, serviert von Angestellten, die vom Modeschöpfer Armani eingekleidet wurden. ●

Das berühmte Café »Zucca in Galleria«: Geburtsstätte des Campari

Restaurants Magenta

La Brisa
Via Brisa 15
Tel. 02 86 45 05 21
Sa u. So mittags geschl.
Feine Küche und feine Gäste, der schattige Innenhof ist im Sommer sehr begehrt, deshalb reservieren! ●●

Restaurants Navigli

■ La Scaletta
Piazzale Stazione di Porta Genova 3
Tel. 02 58 10 02 90
tgl. außer Sa und So mittags
Feinste Küche in künstlerischem Ambiente. Reservierung notwendig! ●●●

■ Il Luogo di Aimo e Nadia
Via Raimondo Montecùccoli 6
Tel. 02 41 68 86
www.aimoenadia.com
tgl. außer So. und Sa. mittags
Elegante Räume, Meisterwerke der italienischen Küche. ●●●

■ Osteria dei Binari
Via Tortona 1
Tel. 02 89 40 67 53
Mo–Sa abends
In einem der schönsten Gärten Mailands, exquisite regionale Küche. ●●

■ Be Bop
Viale Col di Lana 4
Tel. 0 28 37 69 72
Nette Pizzeria, auch vegetarische und glutenfreie Gerichte. ●

■ Luca e Andrea Café-Bar
Alzaia Naviglio Grande 34
Tel. 02 58 10 11 42
Direkt am Kanal, schmackhafte Nudeln, gut, preiswert, wunderbar! ●

■ Be Bop
Viale Col di Lana 4
Tel. 0 28 37 69 72
Nette Pizzeria, auch vegetarische und glutenfreie Gerichte. ●

Cafés und Bars

■ Bindi
Piazzale Cadorna 9
Altstadt
Tel. 02 86 45 11 78
Mo geschl.
Süße Naschereien zum Aperitif.

■ La Bottega del Gelato
Via Pergolesi 3

Altstadt
Tel. 02 29 40 00 76
tgl. außer Mi
Hoch gelobte Gelateria.

■ **Zucca in Galleria**
Galleria Vittorio Emanuele
Altstadt
Tel. 02 86 46 44 35
www.caffemiani.it
Mo geschl.
Hier waren schon Verdi und Toscanini zu Gast.

■ **Cova**
Via Montenapoleone 8
Goldenes Viereck
Tel. 02 76 00 05 78
So und abends geschl.
Seit 1817 eines der stilvollsten Cafés der Stadt, die Torten sind ein Traum.

■ **Dolce & Gabbana Martini Bar**
Corso Venezia 15
Goldenes Viereck
Tel. 02 76 01 11 54
So geschl.
Schöne Bar im Laden der Topdesigner.

■ **Sant'Ambroeus**
Corso Matteotti 7
Goldenes Viereck
Tel. 02 76 00 05 40
www.santambroeus.org
Der Teesalon des Cafés ist genauso prächtig wie das Backwerk lecker ist.

■ **Bar Magenta**
Via Giosuè Carducci 13
Magenta
Tel. 0 28 05 38 08
tgl. außer Mo
Legendäre Jugendstilbar.

■ **Gelateria Ecologica Artigiana**
Corso di Porta Ticinese 40
S. Ambrogio
Tel. 02 58 10 18 72
tgl. außer Mi
Bio-Eiskreationen.

Die traditionellste Mailänder Küche

■ **Al Pont de ferr**
Niveauvolle Trattoria mit köstlicher Küche **(Navigli, Ripa di Porta Ticinese 55, Tel. 02 89 40 62 77, tgl. abends außer So).** ●●

■ **Antica Trattoria Al Matarel**
Deftige Mailänder Hausmannskost **(Brera, Via Solera Mantegazza 2, Tel. 02 65 42 04, Di geschl.).** ●●

■ **Antica Trattoria della Pesa**
Schöne alte Möbel, gutes *risotto alla milanese* **(Brera, Viale Pasúbio 10, Tel. 0 26 55 57 41, tgl. außer So).** ●●

■ **La Latteria**
Ehemaliger Milchladen, sehr gute Küche **(Brera, Via San Marco 24, Tel. 0 26 59 76 53, Sa u. So geschl.).** ●●

■ **Il Solferino**
Seit 1909 Mailänder Küchentradition auf hohem Niveau **(Brera, Via Castelfidardo 2, Tel. 02 29 00 57 48, www.ilsolferino.com).** ●●

■ **Trattoria milanese**
Besonders Risotto ist zu empfehlen **(San Ambrogio, Via Santa Marta 11, Tel. 02 86 45 19 91, Sa u. So geschl.).** ●●

■ **Le Vigne**
Traditionsreiche Osteria mit traditionellen Gerichten wie gefüllten Zucchiniblüten **(Navigli, Ripa Porta Ticinese 61, Tel. 0 28 37 56 17, tgl. ab 19 Uhr, Sa auch mittags).** ●●

■ **Trattoria all'Antica**
Kleine Trattoria, berühmt für regionale Küche **(Navigli, Via Montevideo 4, Navigli, Tel. 0 28 37 28 49, Sa u. So geschl.).** ●–●●

Shopping

Mailand, das ist eine Lebensart zwischen Kunst und Kommerz, eine Schaufensterstadt, die den Traum vom Luxus auf Schritt und Tritt lebendig hält. Kaum zu überbieten ist die Welt der schönen Dinge, die den Flaneur auf seinem Stadtspaziergang ständig begleitet und in Versuchung bringt.

Das Viertel, wo sich die edelsten und auch besten Modegeschäfte befinden, ist das **Goldene Viereck**. Rund um die Via Montenapoleone sind seit dem Aufstieg Mailands zum Modezentrum Italiens alle wichtigen Mode-Designer mit Boutiquen vertreten.

Ob für den Tisch oder die Einrichtung: Mailand ist Designer-Stadt

Neben dem Goldenen Viereck gibt es aber noch andere Einkaufsviertel, in denen es zwar weniger edel zugeht, dafür aber weitaus origineller. Im **Künstlerviertel Brera** zum Beispiel haben sich interessante Nachwuchsdesigner neben Schustern, Lebensmittelhändlern und Trödlern niedergelassen. Galerien zeigen das Neueste vom Kunstmarkt und Schmuckkünstler die ausgefallensten Kreationen.

Etwas abgerissen, aber durchaus im Trend der Zeit präsentiert sich das **Viertel zwischen Porta Ticinese und Porta Genova** im Südwesten der Stadt. Hier gibt es Mode, die nicht allein auf standesgemäße Repräsentation ausgerichtet ist: Wer beispielsweise verrückte Klamotten, Schmuck aus den 1930er- und 1950er-Jahren oder Kleider aus den 1940er-Jahren sucht, wird hier mit Sicherheit fündig. Inzwischen entdecken aber auch Edeldesigner die Gegend und machen hier dem Goldenen Viereck Konkurrenz.

Designläden

■ 10 Corso Como

Corso Como 10, Brera
www.10corsocomo.com
Hippes Shoppingparadies für alle, die die Trends von morgen bei Möbeln, Wohnaccessoires, Dekoration und Mode suchen.

■ **Alessi**

Corso Matteotti 9, Goldenes Viereck

Im Shop von Alessi ist das ganze Sortiment des bekannten Designhauses für Gebrauchsgegenstände präsentiert.

■ **Arflex**

Corso Europa 11, Altstadt

www.arflex.it

Möbel nach alten Vorbildern und neuestem Trend.

■ **Arform**

Via Moscova 22, Brera

Alles, was man für die gestylte Küche braucht.

■ **Armani Casa**

Via Manzoni 31, Goldenes Viereck

www.armanicasa.com

Schönes fürs Haus im Laden des Modeschöpfers.

■ **Artemide**

Via Manzoni 12, Goldenes Viereck

Seit über 40 Jahren führend im Lampendesign.

■ **Black Out Illuminazioni**

Via dell'Orso 7/a, Brera

Neuestes Lampendesign.

■ **DB Living**

Via Vittor Pisani 6, Brera

www.dbliving.com

Schöne Geschenke auch für den schmaleren Geldbeutel.

■ **Driade**

Via Manzoni 30, Goldenes Viereck

www.driade.it

Immer **die neuesten Trends** für Wohnung und Büro.

■ **Flos**

Corso Monforte 9, Goldenes Viereck

www.flos.com

Lichtobjekte renommierter Designer von Achille Castiglioni bis Philipp Starck.

■ **Fontana Arte**

Via Santa Margherita 4, Altstadt

Bei Alessi im Corso Matteotti

Durchgestylter Laden mit der neuesten Lichtmode.

■ **High Tech**

Piazza XXV Aprile 12, Brera

www.high-techmilano.com

Schöne Dinge rund ums Haus.

■ **Nava**

Via Durini 23, Goldenes Viereck

www.navadesign.com

Showroom eines der Altmeister italienischen Designs.

Antiquitäten

Antiquitäten werden am letzten Sonntag im Monat (außer Juli und August) an den *Navigli* gehandelt. Es ist ratsam, sich schon frühmorgens auf den Weg zu machen, denn die Mailänder strömen in Scharen dorthin, um das bunte Angebot vom Kochlöffel bis zur samtenen *poltrona* (Sessel) zu durchstöbern. Antiquitäten, etwas teurer und edler, findet man auch im Brera-Viertel und rund um Sant'Ambrogio. Ausgefallenen Schmuck der 1930er- und 1940er-Jahre gibt es in der Via Solferino.

Die interessantesten Modeläden

■ Antonia – Coolness prägt den Laden von Antonia Giacinti, entworfen von Vicenzo de Contiis **(Via Ponte Vetero 1, Magenta).**

■ Borsalino – Der distinguierte Mailänder kauft nur Hüte des legendären Geschäfts **(Galleria Vittorio Emanuele II, Goldenes Viertel).**

■ Dolce & Gabbana – Der Laden wurde von David Chipperfield gestaltet. Im Innenhof die Martini Bar, Treff der schönsten Models **(Corso Venezia 15, Goldenes Viereck).**

■ Gucci – Accessoires der Nobelmarke und Café **(Galleria Vittorio Emanuele II, Goldenes Viereck).**

■ Alan Journo – Ungewöhnliche Modekreationen **(Via della Spiga 36, Goldenes Viereck, www.alanjourno.com).**

■ Maternity Appeal – Pietro Brunelli bietet aufregend gute Kleidung für Schwangere **(Via Fiori Chiari 5, Magenta, www.pietrobrunelli.com).**

■ Moroni Gomma – Neben Dingen für die Wohnung aus Gummi auch Accessoires wie Taschen für die modebewusste Frau **(Corso Matteotti 14, Goldenes Viereck).**

■ Trace – Kreationen junger Stylisten **(Via Savona 19, Navigli, www.tracesurtrace.com).**

■ Viktor & Rolf – Im Laden der Designer spielt der Architekt Siebe Tettero mit der Wahrnehmung der Besucher. Wer sagt eigentlich, dass das Parkett unten sein muss und nicht an der Decke? **(Via Sant'Andrea 14, Goldenes Viereck, www.viktor-rolf.com)**

Outlets

■ Eldorado Stock House

Via Montenapoleone 26

Goldenes Viereck

Was nebenan in den Edelboutiquen im vergangenen Jahr teuer angeboten wurde, ist hier nun billiger.

■ Emporio 31

Via Tortona 31, Navigli

www.emporio31.com

Design zu billigen Preisen. Im Emporio31 bei den Navigli wird man fündig.

■ Fontana di Trebbia

Via Trebbia 26, Ⓜ Porta Romana

Wenn Taschen von Fontana oder D&G immer zu teuer waren, hier kann man ein Schnäppchen machen.

■ Mercato Fauché

Via Fauché, Magenta

Immer Dienstag vormittags und Samstag den ganzen Tag über findet man auf diesem Markt auch die großen Marken der italienischen Mode zu kleinen Preisen.

■ Outlet Shoes

Via Martinetti 6/B, Ⓜ Brande Nere

Schuhe für Damen und Herren in großer Auswahl.

■ RJ Outlet

Via Zumbini 37, Ⓜ Romolo

Bekannte Marken findet man in diesem großen Geschäft um bis zu 70 % billiger.

■ Il Salvagente

Via Fratelli Bronzetti 16, Bhf. Dateo

In spartanischen Ambiente hängen hier Roben aller großen Designer zu **unschlagbaren Preisen**.

■ Vestistock

Via Ramazzini 11, Ⓜ Lima

Hier sind alle großen italienischen Bekleidungshersteller zu finden, daneben aber auch weitere Marken wie YSL und Burberry.

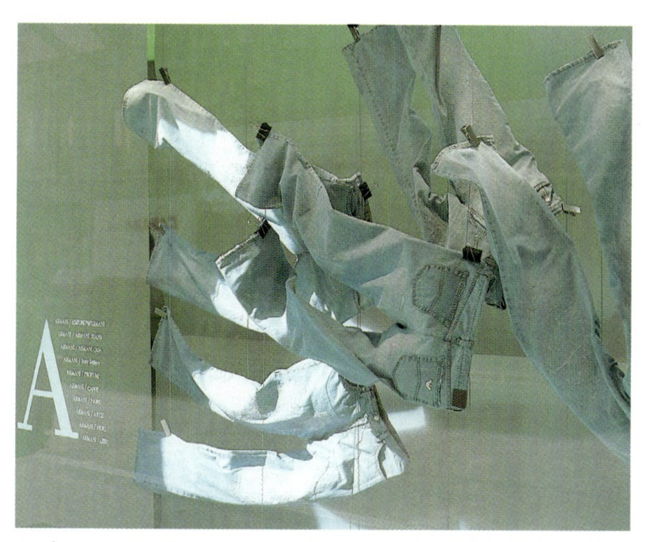

Mit fantasievollen Präsentationen übertreffen sich die Modeläden

Buchläden

■ Hoepli

Via Ulrico Hoepli 5, Goldenes Viereck
www.hoepli.it
Ein Mekka für Leseratten! Italiens größter Buchladen erstreckt sich über sechs Etagen.

■ Milanese

Via Meravigli 18, Magenta
Literatur über alles, was man zu Milano wissen muss.

■ Mondadori

Largo Corsia dei Servi 11, Gold. Viereck
Verlagseigene Buchhandlung.

■ Rizzoli

Galleria Vittorio Emanuele II 79
Goldenes Viereck
Verlagsbuchhandlung nahe des Ausgangs zur Piazza della Scala.

Musik

■ Buscemi

Corso Magenta 27, Magenta
Hits, Klassik und Musikliteratur.

■ Feltrinelli e Ricordi Mediastores

Galleria Vittorio Emanuele
Goldenes Viereck
CDs, Noten und Musikliteratur.

Kaufhäuser

■ La Rinascente

Piazza Duomo 10, Altstadt
Feinstes Kaufhaus Mailands. Café-Terrasse mit Blick auf den Dom.

■ La Standa

Filialen über die ganze Stadt verteilt. Einfaches, aber gutes Kaufhaus.

■ Upim und Coin

Filialen der preiswerten Kaufhäuser gibt es in der ganzen Stadt.

■ Fiordaliso

Via Curiel 25, Rozzano
Riesiges Einkaufszentrum in Vorort.

■ Mercatino Michela

Filialen Corso Venezia 8, Via della Spiga 33 (Goldenes Viereck) **und Piazza De Angeli 3** (Ⓜ de Angeli)
Secondhand-Designermode.

Nahezu die Hälfte der Käsesorten kommt aus der Lombardei

Rund ums Essen

■ **Armandola**
Via della Spiga 50, Goldenes Viereck
www.armandola.com
Käse, frische Pasta und Trüffel lassen Feinschmeckerträume wahr werden.

■ **Brambilla**
Via Melzo 4, Ⓜ Porta Venezia
Hausgemachte Pasta, darunter Überraschungen wie die »Pasta al cacao«.

■ **Casa del Formaggio**
Via Speronari 3, Altstadt
Die riesige Auswahl an Käsesorten macht die Wahl nicht gerade leicht.

■ **Garbagnati**
Via Dante 13, Magenta
Seit 1896 gibt es dieses Traditionshaus, mittlerweile eine der größten Bäckereien Mailands, mit wahrlich erlesenem Sortiment. Angeschlossen sind ein Café und ein Restaurant.

■ **Fungheria Angelo Bernardio**
Viale Abruzzi 93, Ⓜ Loreto
Frische, eingelegte oder getrocknete Steinpilze, Pilzcremes, Trüffel, Öle und exklusive Pasta.

■ **N'ombra De Vin**
Via San Marco 2, Brera
www.nombradevin.it
Bestens sortierte Weinhandlung in einem schönen Keller, wo man **bis Mitternacht** vor dem Kauf auch degustieren kann.

■ **Parini**
Via Borgospesso 1, Goldenes Viertel
Süßigkeiten aller Art, ein Paradies für alle Naschkatzen.

■ **Pasticceria Ranieri**
Via della Moscova 7, Brera
Der Panettone mit Ananas ist die Spezialität dieser Feinbäckerei.

■ **Peck**
Via Spadari 9, Altstadt
Unzählige kulinarische Köstlichkeiten auf fast 3000 m^2. Ein Paradies!

■ **Salumaio**
Via Montenapoleone 12
Goldenes Viereck
Berühmt für die beste Mailänder Salami und andere Wurstsorten.

Märkte

■ Gemüse, Schuhe, Haushaltswaren, Kleider und Honig bietet der **Markt am Viale Papiniano** (Ⓜ S. Agostino, Di u. Sa. vormittags), der zu den malerischsten Mailands gehört und gleichsam ein Stück Stadtidentität darstellt, denn hier sind die Mailänder unter sich. Lauthals wird alles angeboten, was man zum Leben so braucht. Und wenn man mit ein wenig Muße den einen oder anderen Kleiderberg genauer untersucht, lässt sich auch immer mal wieder ein Stück herausziehen, für das man in Mailands Goldenem Viereck sicher den zehnfachen Preis hätte zahlen müssen. Feilschen gehört beim Obst- und Gemüseeinkauf kurz vor Marktschluss dazu, und dann wird es meistens noch einmal sehr voll.

- Donnerstags findet man zwischen 8 und 13 Uhr einen interessanten **Markt in der Via Calvi** (nahe Porta Vittoria). Beim Stöbern in den Kleiderbergen entdeckt man mit ein bisschen Glück auch mal ein Designer-Stück.
- Trödel, esoterische Artikel und viel Ramsch findet man auf der **Fiera di Senigallia**, die jeden Samstag von frühmorgens bis 17 Uhr am Viale G. D'Annunzio (Navigli) stattfindet.
- Auf der **Piazza Mirabello** im Brera-Viertel wird jeden Montag und Donnerstag ein Gemüse- und Obstmarkt abgehalten.
- Der größte **Antiquitätenmarkt** der Stadt lockt jeden letzten Sonntag im Monat (außer Juli und August) bei den Navigli, den malerischen Kanälen. Wer früh kommt, hat gute Chancen, so manches Schnäppchen zu machen. Leider sind die Preise jedoch oftmals alles andere als von gestern › S. 129.
- In der Nähe der Brera findet auf der **Via Fior Chiari** jeden 3. Sonntag im Monat ein etwas edlerer Antiquitätenmarkt als bei den Navigli statt.

Mode – eine Welt für sich

Kaum entworfen und auf der Mailänder Modemesse gezeigt, werden die neuesten Modekreationen in ungezählten kleinen Werkstätten in Windeseile nachgenäht. Über den Erfolg im Geschäft mit der Mode entscheiden Tempo und die Fähigkeit, andere auf dem Weg zu neuen Trends zurück zu lassen. Vielleicht ist das auch ein Grund, warum sich der Handel mit Kleidern gerade in der lombardischen Metropole angesiedelt hat, wo doch die Gesetze der Zeit aus den Angeln gehoben zu sein scheinen und alles schneller funktioniert als anderswo in Italien. Die Modeindustrie, in der heute fast 1 Mio. Menschen in Italien arbeiten, ist nach der Metallverarbeitung wichtigster Industriezweig des Landes. Es waren vor allem die 1970er-Jahre, in denen der Modehimmel leuchtete und ein Stern nach dem anderen aufging. Mit ihrem ausgeprägten Gespür für Farben und Formen, ihrer Kreativität und Originalität ließen die Mailänder Modeschöpfer alle anderen spielend hinter sich. Doch was zu dieser Zeit noch den Hauch von Exklusivität hatte, entwickelte sich im Laufe der Jahre immer mehr zu Massenprodukten. Noch bevor die Kollektionen der Modeschöpfer in die Geschäfte kommen, haben die sog. *prontisti* in ihren kleinen Werkstätten bereits alles kopiert und auf den Markt gebracht. Es gibt zwar ein Urheberrecht für Stylisten, doch reicht eine kaum merkbare Veränderung im Design oder im Stoff, und die Kleiderpiraterie ist gesetzlich abgesichert. Die Modeschöpfer sorgen allerdings auch selbst mit der Vermarktung ihres Namens auf Parfüms, Taschen und Bettwäsche für den unwiederbringlichen Verlust ihrer Exklusivität.

Am Abend

Das Mailänder Nachtleben zeigt ganz unterschiedliche Gesichter, sei es bei einem Opernbesuch in der Scala, bei einem Jazzkonzert oder bei einer heißen Nacht in der angesagten Diskothek »Plastic«. Der Abwechslungsreichtum der Stadt spiegelt sich auch im allabendlichen Angebot wider – es gibt kaum eine Stil- oder Musikrichtung, die hier nicht vertreten wäre. Am liebsten gehen die Mailänder in der Gruppe aus. In Mailands Bars und Discos sucht man keine neue Gesellschaft, sondern erscheint lieber gleich mit ihr. Wer genau wissen möchte, was abends los ist, der kann sich im Internet unter www.hellomilano.it informieren.

Theaterkarten sowie Billets für Veranstaltungen bekommt man an den Theaterkassen selbst, in den Veranstaltungsagenturen wie im Ricordi Mediastore in der Galleria Vittorio Emanuele II (Tel. 02 86 90 683) oder online auf www.boxtickets.it.

Karten für die Scala

Um Karten für das chronisch ausverkaufte Opernhaus zu ergattern, brauchen Sie eine Portion Glück. Bestellen kann man Karten unter Tel. 02 86 07 75 und im Internet unter www.teatroallascala. org. Von 12–19 Uhr ist die Theaterkasse in der Via Filodrammatici 2 geöffnet, Restkarten werden eine Stunde vor Aufführungsbeginn an der dortigen Abendkasse angeboten. Zu überhöhten Preisen bieten fliegende Händler Karten noch kurz vor den Aufführungen an. Eine weitere Möglichkeit ist das Angebot des Musikvereins »L'Accordo«. Er vergibt für jede Aufführung 140 Eintrittskarten. Dafür muss man sich am Tag der Aufführung um 13 Uhr an der Theaterkasse in der Via Filodrammatici 2 bei einem Mitarbeiter von »L'Accordo« registrieren lassen. Um 17.30 Uhr wird dann eine Namensliste verlesen. Wer draufsteht, der erhält eine Marke zum Erwerb der Karte an der Abendkasse.

Theater und Oper

■ **CRT (Centro ricerca teatrale)**

Via Ulisse Dini 7

Tel. 02 89 01 16 44

www.teatrocrt.it

Tanz- und Musiktheater wechselnder Regisseure.

■ **Nobel**

Via Ascanio Sforza 81

Tel. 02 89 51 17 46

Theatercafé mit abwechslungsreichem Programm, das Konzerte, Jazz-Sessions, Kabarett und szenische Darstellungen einschließt.

■ **Piccolo Teatro**

Via Rovello 2

Tel. 02 42 41 18 89

www.piccoloteatro.org

In der weltberühmten Scala

Nachts in der Galleria Vittorio Emanuele

Bedeutendste Bühne Mailands, an der der geniale Giorgio Strehler Intendant war. Die Nachfolge hat Luca Ronconi angetreten – mit großem Erfolg.

■ Piccolo Teatro Studio

Via Rivoli 6

Tel. 02 42 41 18 89

Die Studiobühne ist in einem alten Operettenhaus untergebracht, das von Stararchitekt Marco Zanuso umgebaut wurde.

■ Teatro Manzoni

Via Manzoni 42

Tel. 0 27 63 69 01

www.teatromanzoni.it

Das historische Theater zählt zu den schönsten Schauspielhäusern Italiens.

Jazzklubs

■ Blue Note

Via Borsieri 37, Ⓜ Zara

Tel. 0 28 99 70 00 22

www.bluenotemilano.com

Echt gut! **Jazz vom Feinsten.** Jeden Tag spielen international besetzte Gruppen.

■ Scimmie

Via Ascanio Sforza 49, Navigli

Tel. 02 89 40 28 74

www.scimmie.it

Seit Jahren ein Dauerbrenner.

■ Tangram

Via Giovanni Pezzotti 52, Navigli

Tel. 02 89 50 10 07

Populäres Jazz- und Rockcafé.

Diskotheken

■ Armani Privé

Via Gastone Pisoni 1, Goldenes Viereck

Tel. 02 62 31 26 55

Sollte man an den Türstehern vorbeikommen, ist man Teil der Schickeria.

■ La Banque

Via Porrone 6, Altstadt

Tel. 02 86 99 65 65

Im Keller einer ehemaligen Bank kann man tanzend die Nacht zum Tag machen.

■ Hollywood

Corso Como 15, Goldenes Viereck

Tel. 0 26 59 89 96

www.discotecahollywood.com

Schöne Menschen und Prominente tummeln sich hier.

■ Plastic

Viale Umbria 120, Ecke Corso 22 Marzo

Tel. 02 73 39 96

Mailands schrägste und schrillste Disco, in der man dem Namen entsprechend gekleidet sein muss, um eingelassen zu werden.

Bars und Kneipen

■ **Atlantique**
Viale Umbria 42, Ⓜ Lodi
Tel.1 99 11 11 11
www.cafeatlantique.it
Riesiges, seit Jahr und Tag topangesagtes Nachtlokal. Begehrt sind die Plätze an der Bar, über der ein goldener Lametta-Leuchter hängt.

■ **Bar Jamaica**
Via Brera 32, Brera, Tel. 02 87 67 23
Ein buntes Volk aus Künstlern, Börsenjobbern und Studenten bevölkert die Bar im Brera-Viertel. Am Sonntag wird dort ein ausgezeichneter Brunch angeboten.

■ **El Brellin**
Alzaia Naviglio Grande 14, Navigli
Tel. 02 58 10 13 51, So abends geschl.
Aus einem ehemaligen Fahrradkeller im Ausgehviertel Navigli ist eine der heißesten Bars der Stadt geworden.

■ **Living**
Piazza Sempione 2, Altstadt
Tel. 02 33 10 08 24
www.livingmilano.com
Ein ehemaliges Postamt dient heute als gut sortierte Bar, die z.B. mehr als 100 Wodkasorten im Angebot hat. Nastrowje!

■ **Rocket**
Via Pezzotti 52, Navigli
Tel. 02 89 50 35 09
Vom Designerduo Campus und Davighi durchgestylte Nachtbar, die ein trendiges Publikum anzieht.

■ **Yar**
Via Mercalli 22, S. Ambrogio
Tel. 02 58 30 96 03, Mo geschl.
Ultra-trendige russische Bar, die opulent wie ein Zarenpalast gestaltet ist. Hier verkehrt viel Modevolk, und ab und zu kommt auch ein Fernsehstar vorbei.

Die besten Lounge Locations

Echt gut!

■ **Bhangra Bar**
Piazza Sempione 1, Altstadt
Tel. 02 34 93 44 69
www.bhangrabarmilano.com
Mo und Di geschl.
In der Bar am Rand des Parco Sempione wird zum *aperitivo* ein orientalisches Büffet serviert, und samstags kann man sich, während man seinen Drink genießt, massieren lassen.

■ **Executiv Lounge**
Via A. DiTocqueville 3, Brera
Tel. 02 62 61 16 17
Sehr »Lounge« finden Mailänder diese Bar im Brera-Viertel, in der man bei kühlen Drinks entspannt plaudert.

■ **G-Lounge**
Via Larga 8, Altstadt
Tel. 0 28 05 30 42
Mo geschl.
Hier entspannt sich hippes Volk bei cooler Lounge-Musik und guten Drinks.

■ **Lounge Paradise**
Via Montevideo 20, Ⓜ S. Agostino
Tel. 0 24 69 52 78
nur im Sommer
Am Becken des Freibades Solari kann man es sich bis Mitternacht auf den Liegen gemütlich machen.

■ **SHU**
Via Molino delle Armi 15, S. Ambrogio
Tel. 02 58 31 57 20
www.shumilano.it
Mo geschl.
Zwei riesige goldene Fiberglashände greifen in den Raum dieser stylischen Bar, die berühmt ist für ihre exklusiven *aperitivi*.

VER
11
MONTENAPOLEONI

Land & Leute

Steckbrief][Geschiche im Überblick
Die Menschen][Kunst und Kultur
Feste und Veranstaltungen

Steckbrief

Mailand

Fläche: Stadtgebiet 182 km²
Geographische Lage: 48° 28′ nördlicher Breite, 9° 11′ östlicher Breite
Einwohnerzahl: 1,3 Mio.
Bevölkerungsdichte: 7000 Einwohner pro km²
Bevölkerung: Gut 80 % der Bevölkerung sind Italiener, 13 % sind Ausländer mit Aufenthaltsgenehmigung, daneben gibt es eine nicht bekannte Anzahl an *clandestini,* illegalen Flüchtlingen
Verwaltung: Hauptstadt der Lombardei und der Provinz Mailand
Sprache: Italienisch
Religion: überwiegend Katholiken
Landesvorwahl: 00 39
Währung: Euro
Zeitzone: MEZ

Lage

Mailand *(Milano)* liegt 100 bis 147 Meter über dem Meeresspiegel wie ein riesiger Koloss in der Poebene und schiebt sein Stadtgebiet mit annähernd 200 Quadratkilometern und etwa 1,3 Millionen Einwohnern immer weiter ins Umland hinein. Zahlreiche kleine Städte umgeben die Metropole zusammen mit gigantischen Industrieanlagen wie ein breiter Gürtel, so dass der Großraum Mailand annähernd sieben Millionen Bewohner zählt.

Zwei Flüsse, im Westen die Olona und im Osten der Lambro, umfließen das Stadtgebiet. Wenn Shakespeare in »Zwei Herren aus Verona« von einer Schiffsreise von Verona nach Mailand berichtet, dann entspringt das nicht dichterischer Fantasie, sondern den tatsächlichen Gegebenheiten der Schifffahrt in der Epoche der Renaissance. Noch heute verbinden die *navigli,* die Kanäle, Mailand mit den oberitalienischen Seen und den wichtigsten lombardischen Flüssen.

Im Lauf der Jahrhunderte legten sich um die Mitte immer mehr Außenviertel unterschiedlichster Couleur. Mal entstanden ganze Straßenzüge im Stil der Renaissance, mal lebte sich der Jugendstil aus, mal die Postmoderne. Der Begriff *milanesità* meint vieles, besonders aber stadttypische Abwechslung und Vielfalt.

Politik und Verwaltung

Mailand, Italiens zweitgrößte Stadt, ist Hauptstadt der Provinz Mailand sowie Hauptstadt der Region Lombardei. Politisch steht die lombardische Metropole im Schatten Roms. Auf die Hauptstadt, die das in Mailand verdiente Geld ausgibt, ist man deshalb nicht gut zu sprechen. Dies nutzt die populistische »Lega Nord«, die mit der Forderung nach Entmachtung Roms, finanzieller Autonomie und fremdenfeindlichen Parolen auf Stimmenfang geht – mit beträchtlichem Erfolg.

Parteiinteresse geht noch immer vor Gemeinwohl; an alten Gewohnheiten wie der Korruption und der Verquickung wirtschaftlicher und politischer Opportunität hat sich bis heute wenig geändert. Das ganze Ausmaß der Vetternwirtschaft brachten 1991 einige Mailänder Staatsanwälte ans Licht. Kurze Zeit nach diesen Enthüllungen sah es so aus, als könnte sich etwas Grundsätzliches verändern, doch sind alle Versuche, den alten Filz auszumerzen, im Sande verlaufen.

Wirtschaft

Nach dem Anschluss an das Königreich Italien explodierte der Unternehmergeist der Mailänder geradezu. Industriebetriebe und neue Handelsunternehmen schossen aus dem Boden. Mailand und sein Umland verwandelten sich in eine riesige Industrielandschaft, die heute den Takt der gesamtitalienischen Wirtschaft vorgibt. Von den 200 größten italienischen Unternehmen hat gut die Hälfte ihren Hauptsitz in Mailand und seiner Provinz. Hier residieren die meisten Werbeagenturen, Marktforschungsinstitute und Handelsgesellschaften, hier ist das Pro-Kopf-Einkommen noch immer das höchste in Italien. Es ist aber eine Umschichtung vom produzierenden Gewerbe zu Dienstleistungen hin zu beobachten, so dass mehr als vier Millionen Quadratmeter Industrieflächen für eine neue Nutzung frei geworden sind.

Natur und Umwelt

Zu den größten Umweltsünden gehörten die Mailänder Abwässer, die nahezu ungeklärt in den Po und weiter in die Adria flossen. Das Abwasserentsorgungssystem entspricht mittlerweile EU-Anforderungen. Doch es es gibt noch genügend Probleme. Skandale und Fehlplanungen ranken sich um die Beseitigung von Müll, die Anlage von Deponien, die Schaffung von Parks.

Ein weiteres Mailänder Umweltproblem ist die extreme Luftverschmutzung. Nun soll die Innenstadt-Maut Abhilfe schaffen. Die Höhe der Abgabe richtet sich nach der Umweltbelastung, die das jeweilige Fahrzeug verursacht, und beträgt zwei bis zehn Euro pro Tag. Da aber das Maut-Gebiet recht klein ist, bleibt abzuwarten, ob sich wirklich eine wesentliche Verbesserung der Luftqualität einstellen wird.

Geschichte im Überblick

4. Jhs. v.Chr. Eine dauerhafte Besiedlung gab vorher nicht, erst die keltischen Insubrer, die im Zuge ihrer Wanderungen auch in das etruskische Italien einfielen, wurden in der Region sesshaft.

222 v.Chr. Die Römer erobern die Insubrer-Siedlung und nennen den Ort Mediolanum (Ort der Mitte), da sich hier römische Verbindungsstraßen kreuzen.

293 n.Chr. Im Zuge der Neuordnung des Römischen Reiches unter Diokletian wird Mailand Hauptstadt der westlichen Reichshälfte.

313 Kaiser Konstantin erlässt das Mailänder Toleranzedikt, das den Christen Glaubensfreiheit zugesteht.

374–397 Der hl. Ambrosius ist Bischof von Mailand. Er übt auch starken Einfluss auf die kulturelle und gesellschaftliche Entwicklung der Stadt aus.

402 Die Westgoten erobern Mailand, 452 folgen die Hunnen.

476 Untergang des Weströmischen Reiches. Die auf Eroberungskurs durchziehenden Völker verwüsten die Stadt öfters.

568 Die Langobarden, die der Lombardei ihren Namen gaben, dringen nach Oberitalien ein.

773 Das Langobardenreich fällt an Karl den Großen. Die Vormachtstellung der Karolinger in der Region Oberitalien gerät jedoch erst mehr als ein Jahrhundert später ins Wanken.

962 folgen die deutschen Kaiser als Herrscher über das Langobardenreich.

1154–1183 Friedrich I. Barbarossa führt einen Eroberungskrieg gegen die lombardischen Städte. Dabei wird **1162** Mailand zerstört. Unter der Führung Mailands bildet sich 1167 der »Lombardische Städtebund«, der 1176 den Kaiser bei Legnano besiegt.

1183 erlangen die Städte im Frieden von Konstanz ihre Unabhängigkeit.

1261–1311 Machtkämpfe zwischen den Visconti und den Della Torre (Torriani) um die Herrschaft, aus denen 1311 Matteo Visconti als Sieger hervorgeht.

1395 Gian Galeazzo Visconti wird Herzog von Mailand und dehnt den Herrschaftsbereich bis Verona, Bologna und Genua aus.

1450 Francesco Sforza, Schwiegersohn des letzten Visconti, übernimmt die Macht und gründet eine Dynastie. Unter seinem zweiten Sohn Ludovico Sforza il Moro erlebt die Stadt

1479–1499 eine ungeahnte Blütezeit.

1499 Der französische König Ludwig XII. erhebt Machtansprüche auf das Herzogtum Mailand und vertreibt Ludovico il Moro; wechselnde Machtverhältnisse.

1525 Kaiser Karl V. besiegt bei Pavia Franz I. von Frankreich; das Herzogtum Mailand wird Lehen der Habsburger.

Palazzo Borromeo: Stammsitz des Kardinalsgeschlechts Borromeo

1541 Unter den spanischen Habsburgern erhält Mailand eine Verfassung, die bis 1796 gültig bleibt.

1556 Mailand fällt nach der Teilung des Habsburgerreiches an Spanien und bleibt bis 1714 unter dieser Herrschaft.

1560 Carlo Borromeo wird Erzbischof von Mailand und wirkt federführend bei der Reformierung der katholischen Kirche mit.

1701–1704 Spanischer Erbfolgekrieg. Das Herzogtum Mailand fällt an die österreichischen Habsburger.

1796 Napoleon erobert die Lombardei, bestimmt Mailand zur Hauptstadt der »Cisalpinischen Republik«; 1805 Krönung zum König von Italien.

1814–1815 Nach Napoleons Scheitern spricht der Wiener Kongress Mailand und die Lombardei Österreich zu.

1848 Im Zuge des *Risorgimento* scheitert der berühmte Aufstand der *Cinque Giornate* (Fünf Tage, 18.–22. März) am österreichischen Militär unter Gouverneur Radetzky.

1859 Nach der militärischen Niederlage gegen das Königreich Sardinien muss Österreich die Lombardei an König Vittorio Emanuele II abtreten.

1922 Mussolini startet in Mailand seinen »Marsch auf Rom«.

1944 Mailand wird im Zweiten Weltkrieg schwer zerstört.

1946 Italien wird Republik.

1990–1994 Der Mailänder Staatsanwalt Antonio di Pietro deckt weit reichende Korruptionen auf.

2001 Mailand zählt 2500 Mode- und Designunternehmen; der Boom dieser Branche ist singulär.

2008 Mit der Einführung einer Innenstadt-Maut will man der hohen Luftverschmutzung in Mailand endlich wirkungsvoll den Kampf ansagen. Der Mailänder Silvio Berlusconi wird zum dritten Mal zum Staatschef Italiens gewählt.

Die Menschen

Die Millionen-Metropole Mailand ist nicht nur ein kulturelles und wirtschaftliches Zentrum, sondern auch ein Schmelztiegel von Menschen verschiedenster Herkunft. So sind 13 Prozent der Bevölkerung Ausländer mit einer Aufenthaltsgenehmigung. Wieviele *clandestini*, illegale Flüchtlinge, in der Stadt leben, weiß niemand zu sagen. Die erste Welle von Zuwanderung erfuhr die Stadt durch Arbeiter aus dem armen Süden Italiens. Durch kulturelle Unterschiede war und ist das Verhältnis zwischen den distinguierten Mailändern und den Leuten aus dem *mezzogiorno*, dem Süden, bis heute eher gespannt. *Terroni*, Erdefresser, nennen die Mailänder die Zuwanderer aus Süditalien abfällig und schieben sie in Wohnghettos an der nördlichen Peripherie ab.
Jene in den 1960er-Jahren hochgezogenen Neubauviertel, die *Mega-popolari*, die bereits wenige Jahre nach der Fertigstellung wieder abbruchreif waren, verkommen zusehends zu Slums. Jugendliche geraten dort sehr schnell in die Fangarme der Drogenmafia. Die statistischen Daten, nach denen in Mailand die meisten Diebstähle Italiens stattfinden sowie die meisten Drogenabhängigen und Aidskranken leben, deuten auf die immensen sozialen Probleme der Millionenstadt hin.
Davon betroffen sind noch stärker all die Schwarzafrikaner und Marokkaner. Auch sie sind in der Hoffnung auf Arbeit und Geld gekommen, doch ihnen bleiben nur Gelegenheitsjobs am unteren Ende der Lohnskala. Immer häufiger kommt es zu Schlägereien und brutalen Übergriffen, denn die Feindseligkeit der Mailänder und Süditaliener gegenüber den Fremden wächst beständig.

Kunst und Kultur

Das mittelalterliche Europa hatte eine außergewöhnliche kulturelle Blütezeit vom 14. bis zum 16. Jahrhundert, als wichtige Impulse von den italienischen Stadtrepubliken ausgingen, zu denen auch Mailand gehörte. Doch bereits lange vor dem Bewusstsein kommunaler Autonomie hatte Mailands Kunst- und Kulturgeschichte eine beachtliche Tradition. Durch seine zentrale Lage am Kreuzungspunkt mehrerer Handelswege war es eine Transitstadt, in der verschiedene Kulturen der durchziehenden Völker zusammentrafen.

Eine erste Blütezeit erlebte Oberitalien unter den Römern. Im Mittelalter bediente man sich der antiken Theater und Tempel gerne als Steinbruch. In Mailand, dem antiken Mediolanum, sind nur Reste eines Zirkus erhalten, die Fundamente des römischen Theaters sowie der Arena, die Säulen vor der Kirche San Lorenzo Maggiore, der Mann aus Stein auf dem Corso Vittorio Emanuele sowie die Säulen auf der Piazza Sant'Ambrogio.

Ihre besonders aktive kulturelle Entwicklung am Ende des 4. Jahrhunderts hat die Stadt dem in Trier geborenen hl. Ambrosius zu verdanken, der hier ein wichtiges geistiges Zentrum ins Leben rief. Da Mailand als Hauptstadt des Reiches unter Theodosius mit den verschiedensten Völkern in Berührung kam, offenbarte sich dort, insbesondere in der ambrosianischen Liturgie, ein ausgesprochen »ökumenisches«

Silvio Berlusconi

Eine der schillerndsten Figuren der internationalen Politik ist der italienische Ministerpräsident Silvio Berlusconi. Der Unternehmer wurde 1936 in Mailand als Sohn eines Geschäftsführers einer Bank geboren. Nach dem Wirtschaftsstudium gründete er noch in den 1960er-Jahren mehrere Baugesellschaften, bevor er dann 1978 mit TeleMilano seinen ersten, noch lokal operierenden Sender erwarb. In den folgenden Jahren baute er dann sein Engagement im Mediensektor aus. Die unter dem Namen Fininvest versammelten Unternehmen umfassen die größten Privatsender Italiens (Italia1, Rete 4, Canale 5), Verlage (etwa Mondadori) und Industriebeteiligungen, so dass Berlusconi einer der reichsten Männer Italiens wurde.

Anfang der 90er-Jahre ging mit der Aufdeckung der Verfilzung von Politik und organisiertem Verbrechen, die unter dem Begriff *mani pulite* (saubere Hände) bekannt geworden ist, ein Erdrutsch durch die italienische Parteienlandschaft. In dieser Situation gründete der *Cavaliere* (so lässt sich Berlusconi seit der Verleihung eines Verdienstordens nennen) die Partei Forza Italia, der es 1994 gelang, in Koalition mit der Lega Nord und der Alleanza Nazionale die Regierung zu stellen. Dieses Bündnis zerbrach schon nach wenigen Monaten Anfang 1995, und Berlusconi zog sich in die Opposition zurück. 2001 wurde er ein zweites Mal zum Regierungschef gewählt. Während dieser Legislaturperiode erregten vor allem sein Schulterschluss mit George W. Bush während des Irakkonflikts und eine Justizreform massiven innenpolitischen Widerstand. Auch wollten die Stimmen nicht verstummen, die in neuen, kürzeren Verjährungsfristen von Wirtschaftsstraftaten einen Versuch sehen wollten, die vielen gegen Berlusconi anhängigen Verfahren zu beenden. 2006 wurde bei den Wahlen Romano Prodi zum neuen Chef einer Mitte-Links-Regierung gewählt, die bis 2008 bestand. Bei den vorgezogenen Wahlen erreichte das von Berlusconi angeführte Wahlbündnis *Popolo della Libertà* (Volk der Freiheit) in beiden Kammern die Mehrheit, der Unternehmer-Politiker wurde zum dritten Mal Ministerpräsident.

Bedürfnis, das eine Kultur begünstigte, die die unterschiedlichsten Einflüsse aus Rom, aus dem Orient und vor allem aus Syrien aufnahm.

Meister des Ornaments: Die Langobarden

Die Langobarden hatten eine Vorliebe für starke Farben und schmückten die spätantiken und frühchristlichen Basiliken mit Mosaiken und kunstvollen Ornamenten. Eine typische Ornamentform ist das flächenfüllende Flechtbandmuster. Als Hauptwerk langobardischer Baukunst gilt die Basilica di Sant'Ambrogio, die im 4. Jahrhundert vom hl. Ambrosius gegründet wurde. Umbauten im 9. Jahrhundert haben ihre originale Architektur aber tief greifend verändert. Um 1100 bewies sich die künstlerische Kraft der Lombardei ein zweites Mal – beim Wiederaufbau der zerstörten Basilika, deren erdverbundener, kraftvoller und schwer lastender Körper für die Ausformung der gesamten romanischen Architektur bedeutsam werden sollte.

Die Gotik und ihre Sonderformen

Mit den Pilgern, die nach Rom und ins Heilige Land zogen, hielt die Kunst der französischen Gotik am Ende des 12. Jahrhunderts auch in Oberitalien Einzug, doch wurden die Formen nur zaghaft zu eigener Ausprägung umgesetzt. Die Zisterzienser ließen großartige Abteien nach dem Muster von Clairvaux errichten, entwickelten aber eigentümliche Mischformen, die für die italienische Gotik charakteristisch blei-

Renaissancebau von Bramante: Basilica Santa Maria delle Grazie

ben sollten. So hält man in der Regel an den geschlossenen Mauerflächen der Romanik fest, und auch das basilikale Raumgefüge mit seinen breit lagernden Proportionen bleibt vorherrschend. Die Kirchen San Marco sowie die Abtei Chiaravalle Milanese sind typische Beispiele für den Baustil der Zisterzienser. Der gigantische Mailänder Dom, ein Bauwerk von europäischem Rang, stellt dagegen einen Sonderfall in der Kunstgeschichte dar. Wie nirgends sonst in Italien wird die französische und deutsche Gotik aufgegriffen, was zu einer ganz eigenartigen Synthese von nordalpinen Formen mit einheimischen Gestaltungselementen führt. 2245 Statuen sowie 95 Atlanten zieren das monumentale Bauwerk, das von einer Madonnenfigur, der Madonnina, bekrönt wird. Die Masse des Doms prägt das gesamte Zentrum der Stadt.

Die lombardischen Renaissancefürsten

Mit der Erhebung der Visconti zu Herzögen von Mailand stieg zu Beginn des 15. Jahrhunderts auch das Bedürfnis nach Repräsentation durch Kunst und Architektur. Neben dem Großprojekt des Domes blieb jedoch vieles in der Planungsphase stecken. Erst Francesco Sforza rief nach seiner Machtergreifung 1450 toskanische Künstler an seinen Hof, darunter den Architekten Antonio Averlino, genannt Filarete, der das Ospedale Maggiore mit großen Innenhöfen nach dem Vorbild

Echt gut!

Auf den Spuren Leonardos in Mailand

- Höhepunkt des Schaffens Leonardos in Mailand ist das **Abendmahl**, das nach einer langjährigen Restaurierung wieder die Genialität des Künstlers zeigt. › S. 114
- Der größte Schatz der **Biblioteca Ambrosiana** sind die Blätter mit den Erfindungen Leonardos, besonders der Codex Atlanticus. › S. 73
- Auch in der fürstlichen Residenz des **Castello Sforzesco** war der Toskaner tätig. In der Sala delle Asse bemalte er die Wände und Decken mit dem Geäst mehrerer Bäume so kunstvoll, dass man vergisst, in einem Raum zu sein. › S. 76
- Auch wenn hier kein Original des Genies aufbewahrt wird, ist das **Museo della Scienza** in der Via San Vittore mit seinen Modellen, die nach Zeichnungen des Künstlers entstanden sind, der richtige Ort, um sich die Bandbreite des Erfinders, Baumeisters und Künstlers klarzumachen. › S. 116
- »Der Mann mit Laute«, das einzige Tafelbild Leonardos in Mailand, ist schon allein wert, um der **Pinacoteca Ambrosiana** einen Besuch abzustatten. › S. 72
- Auch mit der Schleusentechnik beschäftigte sich der Allrounder, und so funktionieren die Schleusentore an der Conchetta am **Naviglio Pavese** noch immer nach einer Erfindung Leonardos. › S. 131
- Wer dem Menschen Leonardo näher kommen will, der kann dies im **Museo d'Arte e Scienza** in der Via Sella 4 tun. › S. 82

Brunelleschis errichtete. Filarete wirkte außerdem als bedeutender Architekturtheoretiker, der sein utopisches Idealstadtprojekt »Sforzinda« nach seinem Brotherrn benannte.

Einer der größten Mäzene unter den italienischen Renaissancefürsten war aber Ludovico il Moro. Er verwandelte Mailand in eine blühende Kulturstadt und rief einige der besten Künstler an seinen Hof. Den Stil der lombardischen Renaissancearchitektur prägte vor allem Donato Bramante, ein aus Urbino stammender Baumeister, der Chor und Kuppel von Santa Maria delle Grazie schuf und die Basilica Santa Maria presso San Satiro umbaute. Ludovico il Moro hatte Großes im Sinn: Gebildet, kunstsinnig und prachtliebend wie er war, wollte er auch seine Stadt in einen Ort der Musen verwandeln. Im Jahre 1482 holte er Leonardo da Vinci an seinen Hof, der für alle künstlerischen und technischen Belange zuständig war und der auch das ausgetüftelte System der *navigli*, der Kanäle, anlegen ließ.

Leonardo schuf in Mailand Tausende von Skizzen und Notizen, die ein lebendiges Zeugnis seines Wissensdurstes sind. Erfahrung war für ihn die Grundlage aller Erkenntnis, und so betätigte er sich auf den unterschiedlichsten Wissensgebieten. Sein besonderes Augenmerk galt aber stets der Kunst, die er in den Rang einer mathematischen Wissenschaft heben wollte. Für die Malerei bedeutend ist seine Technik des sfumato (*sfumare* = verdunsten), bei der sich ein feiner Farbnebel über das Bild zu legen scheint und die klare Trennung durch harte Konturen zugunsten feiner, atmosphärischer Übergänge aufgehoben wird. Die Meisterschaft Leonardos übte großen Einfluss auf die lombardischen Künstler aus, vor allem auf Bernardino Luini, den bedeutendsten seiner Schüler und Nachfolger.

Hochburg der Gegenreformation

Nachdem Mailand in spanische Herrschaft übergegangen war, förderten vor allem die Kardinäle Carlo Borromeo, der im Jahr 1610 heiliggesprochen wurde, sowie dessen Vetter Francesco Borromeo das kulturelle Leben der Stadt. Mailand entwickelte sich bald zu einer Hochburg der Gegenreformation. Bekannte Architekten dieser Ära sind Pellegrino Tibaldi und Francesco Maria Richini, der den Palazzo Brera sowie das Entree des Ospedale Maggiore baute. Lorenzo Binaghi errichtete um 1602 die Kirche Sant'Alessandro mit einem schön geschwungenen barocken Giebel. Symbol für die Kultur der Stadt und bedeutendste Tat von Francesco Borromeo war die Gründung der Biblioteca Ambrosiana als öffentliche Bibliothek 1607 und die Stiftung seiner Kunstsammlung im Jahr darauf. Insgesamt aber war der mailändischen Kunst des 17. und 18. Jahrhunderts keine überregionale Wirkung beschieden.

Spaziergang auf dem Dach des Doms Santa Maria Nascente

Special

Mailand, das New York Italiens

Keine andere Stadt Italiens besitzt so aufregende moderne Architektur wie Mailand. Nur hier gibt es eine nennenswerte Zahl an Hochhäusern und nur hier hat man auch den Mut, architektonisches Neuland zu betreten, weshalb Touristen aus Übersee sich auch hier am heimischsten in Italien fühlen.

Die Anfänge

Das erste Hochhaus Italiens mit 124 m Höhe erbaute Gio Ponti, die **Pirelli-Zentrale** am Hauptbahnhof. Die elegante Grundform lässt diesen Bau auch heute noch so modern wie vor 50 Jahren erscheinen. Den zweiten Wolkenkratzer Mailands sieht man am besten vom Domdach: die 1958 vollendete **Torre Valesca** (› Bild S. 53, Piazza Valesca). Dieser Bau des Architekturbüros BBPR kann allerdings heute wegen seines kubischen Aufsatzes ästhetisch nicht mehr richtig überzeugen.

Neue Bauten

Die interessantesten neuen architektonischen Projekte entstehen an der Peripherie, wo ehemalige Industrieflächen neu bebaut werden. Internationales Aufsehen erregte der Neubau der **Fiera**, der Mailänder Messe im Stadtteil Rho (Fahrzeit vom Zentrum rund 40 min., Metro M1, Station Rho). Architekt Massimiliano Fuksas schuf mit der so genannten **Vela**, einem 1300 Meter langen und 23 Meter hohen Glasdach, ein neues Symbol für die Stadt. In der Innenstadt gestaltete Fuksas den **Armani-Jeans-Laden** (Corso di Porta Ticinese 60), auch dort setzte er als Gestaltungselement große transparente Flächen ein.

Ein ganz neues Stadtviertel entstand im Norden nach Plänen von Gregotti Associati auf dem ehemaligen Werksgelände von Pirelli in Bicocca. Dort hat sich die staatliche Universität angesiedelt. Höhepunkt dieses Komplexes ist das **Teatro dei Arcimboldi** (› Bild S. 52) mit seiner geneigten Glasfassade. Das Theater mit seinen fast 3000 Plätzen diente ab 2002 für drei Jahre als Spielstätte der Scala, die zu dieser Zeit von Mario Botta renoviert wurde (Vialle dell' Innovazione 1, Straßenbahn 7 ab Cairoli bis Innovazione).

Auch im Zentrum wird gebaut. Direkt an der Piazza del Duomo wird der **Palazzo Arengario**, ein Beispiel für die monumental faschistische Bauauffassung der dreißiger Jahre, in Bälde als Museum für Kunst des 20. Jahrhunderts neu eröffnet. Für diese Umwidmung hat Italo Rota einen Pavillon geschaffen, der mit seiner Form und den verglasten Flächen an ein Reagenzglas erinnert.

Spektakuläre Firmenzentralen

Auch große Firmen haben für ihre Neubauten Architekturstars verpflichtet. So schuf Renzo Piano das 2004 fertig gestellte **Verlagsgebäude** für die Zeitung Il Sole-24 ore in der Nähe der alten Messe (Via Monte Rosa 91, Metro M1, Station Amendola). Das in der Innenstadt gelegene Verwaltungsgebäude der **Pirelli Real Estate** ist ein zehnstöckiger Turm, der von einem Kubus umschlossen wird. Er gibt den Blick ins Innere durch riesige Fensterfronten frei (Via Gaetano Negri 10). Das Hauptquartier der Modefirma **Armani** in der Nähe der Navigli ist ein weiteres Highlight. Der Japaner Tadao Ando hat dort einen multifunktionalen Komplex mit künstlichem See und Theater geschaffen (Via Bergognone 58, U-Bahn M2, Porta Genova).

Projekt CityLife

Weiteren Auftrieb hat die rege Bautätigkeit durch die Weltausstellung 2015 in Mailand erhalten,. Das interessanteste Großprojekt ist der Komplex CityLife, der auf dem Gebiet der alten Messe bis 2014 entsteht. Die Entwürfe lieferten die renommierten Architekten Zaha Hadid, Arata Isozaki, Daniel Libeskind und Pier Paolo Maggiora, die mit einer Mischung aus Büro- und Wohnhäusern einen neuen urbanen Raum schaffen wollen.

19. Jahrhundert

Im 19. Jahrhundert entwickelte sich Mailand zu einem Zentrum der italienischen Romantik. Führender Maler war Francesco Hayez, der auch die Accademia di Brera dominierte, wo sich einer der wichtigsten »Salons« in Italien etablierte. Von großer Tragweite war der Aufschwung des Mailänder Opernhauses Teatro alla Scala, an dem so bedeutende Musiker wie Gaetano Donizetti, Gioacchino Rossini, Giuseppe Verdi und Arturo Toscanini wirkten. Sie begründeten den heute noch anhaltenden Ruhm des Opewrnhauses. Die wirtschaftliche Entwicklung der Stadt führte zu zeitgemäßen Stadtplanungen mit großen Straßenachsen und Platzgestaltungen, die heute noch das Stadtbild bestimmen.

Auf dem Weg in die Moderne

Gegen Ende des 19. Jahrhunderts formierte sich die Avantgarde Italiens in Mailand, darunter Künstler wie Giovanni Segantini und Medardo Rosso, die später auch in Paris Erfolge feierten. Im 20. Jahrhundert entwickelten Künstler wie Umberto Boccioni und Carlo Carrà die Stilrichtung des Futurismus, eine Avantgardebewegung, die die Kunst wieder mit dem Leben vereinen wollte. In der Malerei thematisierten die Künstler Prozesse wie Geschwindigkeit und Gleichzeitigkeit. Eine starke Begeisterung für Technik ist vielen ihrer Werke anzumerken. Auch hatten sie einen tief greifenden Einfluss auf Musik und Literatur.

Die Moderne

Nach dem 2. Weltkrieg entwickelte sich Mailand zum Schauplatz der Avantgarde. So wurden in Mailand mit der Pirelli-Zentrale und der Torre Velasca die ersten Hochhäuser Italiens errichtet › S. 52. In der Malerei hatten die informelle Kunst und die abstrakte Malerei hier Zentren. Zum Beispiel zerschnitt Lucio Fontana in seinem Werk farbige Leinwände. Diesem Ruf, Spielplatz kreativer Köpfe zu sein ist, ist Mailand bis heute treu geblieben. Alle zwei Jahre kann man sich auf der seit 1933 veranstalteten Triennale über die neuen Tendenzen in der italienischen Gegenwartskunst informieren.

Die Mailänder Scala

Mailands Literatur

Die schönsten literarischen Stadtbeschreibungen von Mailand sind dem Schriftsteller und Journalisten Carlo Emilio Gadda zu verdanken, der als Vater der modernen italienischen Literatur gilt.

Visible Cities von Renzo Piano bei der Triennale 2007

Der Autor wurde 1883 in Mailand geboren, verließ die Stadt aber nach seinem Studium der Ingenieurswissenschaften und zog nach Florenz und später nach Rom, wo er 1973 starb. Mit seinen Texten spürt Gadda dem Rhythmus einer modernen Großstadt nach, in dem sich die einzelnen Töne nicht mehr zu einem Ganzen fügen. Bereits die Naturalisten hatten die moderne Stadt als neue Lebensform geschildert, doch Gadda löst viele Beschreibungen in Handlung auf und gibt den Dingen Psychologie, Soziologie und Dichtung.

In dem Essay »Mailand« erinnert sich Gadda an einen weiteren Dichter der Stadt: »Manzoni sah, in seinen jungen Jahren, die Stadt noch ganz geschlossen, ich möchte sagen, beengt im Gürtel der Bastionen und des Grabens: ein Treibstock beharrlicher Erinnerungen, Hoffnungen. Wartend auf den, der aus der Ferne einträfe: das Tor, die niedrigen Mauern, die sie plötzlich überbordenden, hellen Platanen, das dichte Grün der Rosskastanien im Schweigen der leuchtend grünen Ebene, durchströmt von Wassern, durchritten von den gallischen Stuten.«

Alessandro Manzoni (1785–1873) wurde in Mailand als Sohn der Tochter des Aufklärers Beccarias und des Adeligen Pietro Manzoni geboren. Die Eltern trennten sich nach seiner Geburt, und der Junge wuchs in den verschiedensten Ordenskollegien auf. In seinem Hauptwerk, dem 1827 erschienenen Roman *I promessi sposi* (Die Verlobten), lässt Manzoni vor dem Panorama Mailands im 17. Jahrhundert eine tragische Liebesgeschichte lebendig werden. Manzonis Roman zählt zur Weltliteratur, Goethe schrieb darüber enthusiastisch, »dass er alles überflügelt, was wir in dieser Art kennen.«

Feste und Veranstaltungen

Das ganze Jahr hindurch ist in Mailand etwas geboten. Hier kann man an 365 Tagen Konzerte, Veranstaltungen, Messen und andere Events besuchen. Wer sich unterrichten will über das aktuelle Angebot in der Stadt, der sollte die folgenden Interseiten konsultieren: OK Arte Milano (www.okarte.net), Vivi Milano (www.corriere.it/vivimilano, Homepage des Lokalteils der größten Tageszeitung Italiens), Milan Daily (www.milandaily.com, Seite auf Englisch mit dem kompletten Veranstaltungskalender).

Neben den unten aufgeführten Messen gibt es natürlich weitere Verkaufsausstellungen. Den gesamten Messekalender mit den genauen Daten auch der unten aufgeführten Veranstaltungen kann man auf der Homepage der *Fiera di Milano abrufen* (www.fieradimilano.it). Für nicht geschäftlich Reisende ist die Internetseite ein guter Hinweis auf Zeiten, in denen freie Hotelzimmer rar sind.

Die Mode hält Mailand zweimal jeweils mit der Präsentation der neuen Kollektionen unter Beschlag. So lösen sich im Januar und Februar und dann wieder im September die Modeschauen der Couturiers einander ständig ab. Wer wissen will, welches Modehaus wann seine neuen Entwürfe vorführt, der kann dies auf der Homepage der *Camera nazionale della moda* in Erfahrung bringen (www.cameramoda.it).

Festkalender

Ganzjährig: Le Voci della Città. Konzertreihe in den Kirchen mit alter und neuer Musik.

Mercatone dell'Antiquariato. Am letzten Sonntag jeden Monats, außer im Juli und August, ziehen sich Verkaufsstände an den Navigli, entlang. Zwischen Ramsch, Kunst und Kitsch können Besucher hier flanieren und gleichzeitig alles finden, was alt, gebraucht oder gerade besonders gefragt ist.

6. Januar: Corteo dei Re Magi. Prozession am Dreikönigstag vom Dom zu S. Eustorgio.

Februar: Carnevale. Nach den langen Nebeltagen im Winter feiert man den Mailänder Karneval gleich den ganzen Fe-bruar über. Höhepunkt der verrückten Zeit sind aber die Tage nach Aschermittwoch bis zum darauffolgenden Samstag, wenn in Deutschland die Narrenkleider schon wieder abgelegt sind.

März: Milano Internazionale Antiquariato. Vier Tage dreht sich auf dem Mailänder Messegelände alles um edle Antiquitäten.

MiArt. Bei dieser Messe dreht sich alles um Gegenwartskunst (www.fmi.it/miart).

April: Salone Internazionale del Mobile. Die neuesten Trends des Möbeldesigns werden hier präsentiert.

Mostra Mercato Internazionale d'Antiquariato. Eine der größten Antiquitätenmessen Italiens.

Mai: Mille Miglia Storica. Die berühmte Oldtimer-Rallye macht nach dem Start in Brescia westlich vom Südende des Gardasees mit einem Autocorso in Mailand Station (www.1000miglia.eu).

Juni: Festa degli Navigli. An den Mailänder Kanälen werden während der ersten zehn Tage im Juni Wasserspiele und Schwimmwettkämpfe geboten. Lombardische Spezialitäten stärken während des Festes Teilnehmer und Besucher.

Milanesiana. Für drei Wochen verwandelt sich die Stadt während dieses Festivals in einen Raum für moderne Literatur, Kino und Musik

Serate al Museo. Die Mailänder Museen stellen ihre Räumlichkeiten für Konzerte in stimmungsvollem Rahmen zur Verfügung (bis September, www.comune.milano.it/museiemostre)

Juli: Festa Latino-americano. Heiße Rhythmen und Kultur aus Südamerika heizen im heißen Mailänder Sommer zusätzlich ein (www.latinoamericando.it)

September: Gran Premio d'Italia. Wenn im nahen Monza die Boliden der Formel 1 fahren, dann bleibt davon Mailand nicht unberührt. Und wenn Ferrari gewinnen sollte, dann erlebt man in der Stadt eine *festa* der speziellen Sorte.

Milano Film Festival. Für zehn Tage wird das Castello Sforzesco zu einer Hochburg des Films – auch Freiluftvorstellungen gibt es.

Salone Internazionale del Mobile

Oktober: Milan City Marathon. Nicht nur Spitzensportler, auch Amateure aus aller Welt laufen durch die Stadt, um nach 42 km am Dom ins Ziel zu kommen.

November: Milan Jazz Festival. Für Jazzfreunde ein Muss. Internationale Größen machen während des Events aus Mailand die Welthauptstadt der Jazz-Musik.

Dezember: Festa del Padrone Sant'Ambrogio. Der Schutzpatron der Stadt wird am 7. Dezember mit einem Kunsthandwerks- und Antiquitätenmarkt geehrt, auf dem man auch köstlichste Süßigkeiten, die sogenannten Ambrosiana, findet.

Saisonstart der Scala. Auch wenn es sogenannte Previews für junge Leute gibt und in den Sommermonaten Veranstaltungen stattfinden: Die Spielzeit des weltberühmten Opernhauses beginnt offiziell und formell am 7. Dezember mit der großen Eröffnungsvorstellung und endet etwa Mitte Juli. Den Spielplan gibt es unter www.teatroallascala.org.

Unterwegs in Mailand

Entdecken Sie die einzelnen Stadtviertel – jeweils mit den schönsten Touren, allem Sehens- und Erlebenswerten sowie zahlreichen Tipps

Die Altstadt

Nicht verpassen!

- Einen Spaziergang auf dem Dach des Domes
- Nach Büroschluss einen *aperitivo* in einer der zahlreichen Bars genießen
- Im Feinkostladen Peck die Vielfalt der Genüsse bewundern
- Im Parco Sempione bei schönem Wetter ein Picknick machen

Zur Orientierung

So bunt und vielfältig wie Mailand ist auch die Altstadt: Es gibt edle und weniger teure Geschäfte, kulturelle Highlights vom **Palazzo Reale** über die Basilika **Santa Maria presso San Satiro** bis zum mächtigen **Castello Sforzesco** mit seinen Sammlungen, aber auch das Grün des **Parco Sempione**. In der Altstadt pulsiert das Herz der Stadt, hier ist immer etwas los. Das gilt besonders für die Zeit während der Mittagspause der Büros, wenn Tausende Angestellte auf die Straßen strömen und in den zahllosen Bars und Restaurants etwas essen. In diesem hektischen Treiben ruht in der Mitte wie ein »ganzes Marmorgebirge« (Goethe) der **Dom**.

Am schönsten ist die Altstadt am Samstag. Die Geschäfte sind offen, aber es fehlen die Massen der Mailänder, die zu den Büros hetzen. Sonntag vormittags dagegen wirkt die Innenstadt wie ausgestorben, auch die meisten Bars und Lokale sind geschlossen.

Tour in der Altstadt

Vom Dom zum Parco Sempione

– 1 – Piazza del Duomo › Dom › Palazzo Reale › Palazzo dell'Arengario › Santa Maria presso San Satiro › Pinacoteca Ambrosiana › Palazzo della Ragione › Castello Sforzesco › Palazzo dell'Arte

Dauer: ca. 3-4 Std. Gehzeit
Praktische Hinweise: Zum Dom fahren die U-Bahnlinien Ⓜ 1 und 3, die nahegelegene Piazza Cordusio (Ⓜ Linie 1) ist ein wichtiger Knotenpunkt für das Straßenbahnnetz.

Piazza del Duomo 1

Auf dem Platz erlebt man die *milanesità* pur – abgesehen von den Touristen. Die Lichtreklamen, die alte Pracht, das Reiterstandbild, die Fontänen, die verschiedensten Fassaden, der Triumphbogen zur Galleria und das Marmorgebirge des Doms Santa Maria Nascente fügen sich zu einem Panorama Mailänder Wirklichkeit.

Es lohnt sich, ein paar Minuten auf den Stufen des Doms zu verweilen und das bunte Treiben zu beobachten. In der Mitte des 1862–1878 gestalteten Platzes thront König Vittorio Emanuele II. hoch zu Ross. Mailand hat dem König viel zu verdanken – daher begegnet man allerorts seinem

Namen. Er war es, der die Stadt 1859 von der österreichischen Fremdherrschaft befreite, wovon die Reliefs am Sockel des Reiterstandbildes erzählen.

Restaurant

Rinascente

Galleria Vittorio Emanuele

Mo–So 10–21 Uhr, Rest. bis 24 Uhr

Den Dom im Blick, stärkt man sich im obersten Stockwerk des Kaufhauses Rinascente bei kleinen Köstlichkeiten im Bistro. Haute Cuisine bietet das Restaurant.

***Dom Santa Maria Nascente 2

Il Duomo ist in Mailand viel mehr als eine gotische Kathedrale. Er ist Treffpunkt, Wahrzeichen, Markenzeichen, Verkaufsschlager, ein Stück Mailänder Identität, Herzstück und die in Szene gesetzte Mitte der Stadt. Kommt man von unten aus der Metro, dann ist man überrascht von der Größe der Kirche, die sich vor einem auftürmt und sich in imposanten Massen ausbreitet.

Mehr als vier Jahrhunderte sollte sich der Bau des Mailänder Doms hinziehen. Gian Galeazzo Visconti hatte den Bau 1386 in Auftrag gegeben. Sein Ehrgeiz war es, ein sichtbares Zeichen seiner Macht zu setzen. Ein Dom sollte entstehen, der an Größe und Pracht nicht nur die lombardischen Kathedralen, sondern die aller italienischen Städte übertreffen sollte. Bis zur Errichtung von St. Peter in Rom war der Mailänder Dom dann auch tatsächlich die größte Kirche Europas. Ihren Titel als höchstes Bauwerk der Stadt musste Santa Maria Nascente hingegen 1959 an das Pirelli-Hochhaus › S. 108 abgeben.

Die Außenarchitektur

Den höchsten Punkt des Doms markiert eine vier Meter hohe **Madonna**. Sie hat eine bunt zusammengewürfelte Völkerschar unter sich: 2245 Statuen und 95 Atlanten schmücken Dach und Außenwände. Zwischen all die Heiligen, die hier im Lauf der Jahrhunderte einen Platz bekommen haben, mischen sich auch weltliche Gestalten – an der Fassadenseite wurde noch während der faschistischen Zeit gewerkelt.

So schaut von der Innenwand der Fassadenbekrönung über dem südlichen Seitenschiff der Glatzkopf des Dirigenten Arturo Toscanini herab. Er hatte mit Mussolini sympathisiert, sich aber später von der faschistischen Ideologie losgesagt. Allerlei faschistisches Emblemwerk sowie ein Profilkopf der Italia mit Zinnenkrone und dem Zeichen »XVI E F«, also im 16. Jahr der *Era Fascista*, der faschistischen Epoche, findet sich noch an einem Türsturz am Westende des Dachs. Und die drei Reliefköpfe der Partner der Lateranverträge von 1929, Papst Pius XI., Mussolini und Kardinal Gasparri, tauchen über der Treppe zur Terrasse der nördlichen Seitenschiffe auf. Zu Stein gewordene Peinlichkeiten – dem Himmel so fern!

Wandelt man auf den mit Marmortafeln gepflasterten Dachter-

Auf der Piazza del Duomo herrscht fast immer reges Treiben

rassen des Doms, zu denen an der Nordseite eine Treppe und ein Fahrstuhl führen, reicht der Ausblick bis weit in die Lombardische Ebene hinein. Man spaziert hier oben gleichsam in einer himmlischen Stadt zwischen Fialen, Zinnen, Giebeln und Statuen.

Der Innenraum

52 Bündelpfeiler tragen schwer am Gebälk und lenken den Blick in gleichsam unermessliche Höhen, in deren Dunkel die Rippengewölbe verschwinden. Nur Vierung und Chor sind an klaren Tagen vom Licht erhellt, das ihre Bedeutung wirkungsvoll hervorhebt. Die Innenausstattung des Doms geht vor allem auf den manieristischen Künstler Pellegrino Tibaldi zurück, den Carlo Borromeo, der erste Bischof von Mailand, mit der Gestaltung der Fuß-

Im Mailänder Dom

bodenmosaiken sowie zahlreicher Altäre beauftragte.

Hauptwerk Pellegrino Tibaldis ist der **Hochaltar** in der Chorkapelle. Auch die **Krypta** unter dem Chor entstand 1606 nach seinen Plänen. Von dort führt eine Treppe in die achteckige Totenkammer Carlo Borromeos. Der äußerst sittenstrenge, aber volksnahe Kardinal und Erzbischof (1538–1584), dessen Name sich mit der Gegenreformation verbindet, ruht in einem Sarg aus Bergkristall, einem Geschenk Philipps IV. von Spanien. In einem angrenzenden Raum funkelt das Gold und Silber des Domschatzes, zu dem auch kostbare Elfenbein- und Edelsteinarbeiten aus dem 4. bis zum 17. Jh., Gobelins sowie das Prozessionsbild **Madonna dell'Idea** (Anfang 15. Jh.) gehören.

Aus der ersten Bauphase im 14. Jh. ist nur noch das Portal der Südsakristei von Hans von Fernach erhalten, das reich mit Skulpturen geschmückt ist, sowie ein Relief der »Pietà zwischen zwei Engeln« ebenfalls eines deutschen Meisters, das links der südlichen Sakristei in der Apsis hängt. Die Gedenktafel daneben erinnert an die Domweihe am 20. September 1572 durch Kardinal Carlo Borromeo. Die Glasmalereien der drei Apsisfenster, die im 19. Jh. eingesetzt wurden, zeigen Szenen aus dem Alten und Neuen Testament, u.a. aus der Apokalypse.

Im nördlichen Querschiff des Doms gibt es eine weitere kunsthistorische Kostbarkeit zu sehen, den berühmten **Trivulzio-Kandelaber**. Es handelt sich dabei um einen siebenarmigen, fünf Meter hohen Bronzeleuchter aus dem 13. Jh., in dessen Ranken die Heilsgeschichte dargestellt ist.

Ech g

In die Vorgeschichte des Doms führen Treppen zu beiden Seiten des Hauptportals. Bei jahrzehntelangen Ausgrabungsarbeiten wurden unter dem Domvorplatz die Reste der Vorgängerkirche Santa Tecla (5.–12. Jh.) freigelegt. Auch die Taufkirche San Giovanni alle Fonti (4. Jh.), in der der hl. Ambrosius gewirkt haben soll und die als erstes Baptisterium der Stadt gilt, ist nachweisbar.

Info

Die Dombesichtigung ist tgl. von 8.30 bis18.45 Uhr möglich. Aus Sicherheitsgründen kontrolliert die Polizei vor dem Betreten Taschen und Rucksäcke. Audioguides sind im Dom erhältlich. Das Domdach ist im Winter tgl. von 9.30 bis 16.15 zugänglich, im Sommer tgl. von 9 bis 17.45 Uhr, während des

Hochsommers auch länger. Genaue Zeiten gibt es unter www.duomo milano.it/txts/9/6/prezziorari.pdf.

Palazzo Reale mit Dommuseum 3

Im Südosten geht der monumentale Domplatz in die kleine, feierliche **Piazetta Reale** über, die ihren Namen vom Palazzo Reale ableitet, der noch immer den lehmfarbenen Anstrich aus der österreichischen Zeit trägt. Im Königspalast residierte nach der Einigung Italiens Umberto I., wenn er nach Mailand kam. Er setzte damit die Tradition der Visconti fort, die sich 1310 hier ihre Residenz errichten ließen. Als der Dom gebaut wurde, musste ein Teil der Residenz wieder abgetragen werden, und die Visconti zo-

Eine künstlerische Kriegsgeschichte: der Dom

1967 wurde die Madonna hoch oben auf dem Dom vom Blitz getroffen – die Aufregung war groß, sah man dies doch als untrügliches Zeichen Gottes an. Gefiel der Dom dem Schöpfer etwa nicht, nachdem er nun endlich fertiggestellt worden war? Regten sich etwa auch im Himmel Zweifel an der baukünstlerischen Qualität dieses »Haufens Marmor ohne Eleganz«, wie sich einmal ein venezianischer Architekt ausdrückte? Man entschloss sich schließlich für eine meteorologische Sicht der Dinge.

Die Mailänder Stadtlandschaft nicht ohne diesen Dom zu denken, dessen Bau bis in das 20. Jh. dauerte. Vor allem für den Initiator Gian Galeazzo Visconti wäre diese lange Bauzeit wohl unvorstellbar gewesen. Er hatte es bereits im 14. Jh. sehr eilig, ließ die Arbeitszeiten verdoppeln und drakonische Strafen für Trödelei verhängen. Aber das Wirrwarr aus Sprachen, Nationalitäten, Methoden, Techniken und Stilen – wie sollte es sich disziplinieren lassen, zumal bei ständig wechselnden Architekten? Als »künstlerische Kriegsgeschichte« ist dieses Domkapitel schließlich in die Annalen eingegangen.

Gian Galeazzo Visconti starb 1402, und der Dom stand erst im Rohbau. Nur zögerlich fand sich ein neuer Bauherr. Erst mit Ludovico il Moro kamen einige der besten Künstler nach Mailand, die retten konnten, was zu retten war. Rückschläge gab es durch die Pest und die zu hohen Kosten. Der Marmor musste aus weiten Teilen Italiens mühsam über die Kanäle nach Mailand transportiert werden. Damit waren Tausende von Menschen beschäftigt. Dann kamen die Spanier, die Bauarbeiten wurden eingestellt.

Erst Napoleon kümmerte sich wieder um die Fertigstellung. Schließlich wollte er nicht in einem Dom zum König von Italien gekrönt werden, dessen Fassade nicht vollendet war. Endgültig waren die Arbeiten erst 1959 abgeschlossen. Doch bald gab es erneut Diskussionen um die baukünstlerische Qualität und die Stabilität der Konstruktion – so drohte 1980 Einsturzgefahr, da die Säulen zu schwer am Schiff tragen. Durch eine technische Meisterleistung wurden die Säulen in situ ausgetauscht und so die Statik gerettet.

Exponat im Dommuseum

gen in das Castello Sforzesco › S. 76 um. Der Palast verwaiste, bis ihn die spanischen Statthalter im 16. Jh. wieder bewohnten. 1770 spielte der junge Mozart in dem zugehörigen Theater. Seine heute klassizistischen Bauformen erhielt der Palast 1771–1778 von den Österreichern, die ihn abermals als Residenz nutzten.

Echt gut!

Heute dient der Palazzo als wichtigstes Ausstellungsgebäude der Stadt. **Besonders stimmungsvoll** sind Präsentationen in der historischen Sala dei Cariatidi. Unter der Internetadresse www.comune.milano.it/palazzoreale können Sie sich über das laufende Programm informieren.

Dommuseum

Im linken Seitenflügel des Palazzo Reale ist in 20 Sälen das *Museo del Duomo* untergebracht. Es dokumentiert die eng mit der Stadthistorie verbundene Baugeschichte von Santa Maria Nascente mit Studien, Zeichnungen, Modellen und Plänen. Besonders imposant ist das Holzmodell des Doms.

Folgt man dem chronologisch angelegten Rundgang, so kann man anhand der unterschiedlichen Exponate – Skulpturen, Glasfenster und Ornamente – die Baugeschichte des Kirchenbauwerks vom 14. Jh. bis heute nachvollziehen. Besondere Aufmerksamkeit verdienen die Skulpturen und die Kirchenfenster, die von lombardischen, französischen, flämischen und auch deutschen Meistern geschaffen wurden. Zurzeit wird das Dommuseum einer gründlichen Renovierung unterzogen. Die Neueröffnung ist für 2009 geplant.

Palazzo dell'Arengario 4

Der Palazzo dell'Arengario rahmt als Gegenstück zum Palazzo Reale den Eingang zur Via Marconi. Der strenge Bau mit seinen Arkaden steht für die faschistische Architektur Italiens. Ab 2009 soll dort das neue Museo del Novecento, das die Kunstentwicklung Italiens der Jahre von 1900 bis 1980 dokumentiert, seine Heimat finden. Dann werden hier **in einer einzigartigen Zusammenstellung** Werke des Futuristen Umberto Boccioni und des metaphyschen Malers Giorgio de Chirico neben Bildern Lucio Fontanas, Amadeo Modiglianis und Giorgio Morandis zu sehen sein. Der Architekt Italo Rota baut dafür einen gläsernen Zylinder an, der die Blockhaftigkeit der ursprünglichen Architektur bricht.

Arkaden-Cafés am Dom

Special

Moderne Kunst in Mailand

Milano – Capitale d'arte

Mailand ist Italiens Zentrum für Gegenwartskunst. Keine andere Stadt hat eine ähnlich lebendige Kunstszene aufzuweisen wie die lombardische Metropole. Das internationale Flair der Stadt und die Aufgeschlossenheit reicher Mäzene ließen Mailand bereits zum Ende des 19. Jahrhunderts zum Nährboden für moderne, avantgardistische Kunst werden.

Avantgarde bis zum Zweiten Weltkrieg

Die erste Kunstrichtung, die von Mailand ihren Ausgang nahm, war die Malerei des **Divisionismus** mit ihrem Hauptvertreter Giovanni Segantini (1858–1899). Wie beim französischen Pointilismus wurden Gegenstände in einzelne Farbflecke zerlegt.

Auch die italienische Spielart des Jugendstils, der **Stile Liberty**, hat um 1900 in Mailand sein Zentrum. Ein schönes Beispiel für diese Architektur ist die Clinica Colombo in der Via Buonarotti 58, deren Aktdarstellungen an der Fassade damals einen veritablen Skandal auslösten.

Noch vor dem Ersten Weltkrieg kam der **Futurismus** von Paris nach Italien. Das bekannteste Kunstwerk dieser Stilrichtung ist das Motiv auf den italienischen 20-Cent-Münzen. **Umberto Boccioni** (1882–1916) schuf die Statue 1913. Sie zeigt einen Menschen in Bewegung und befindet sich heute in den städtischen Kunstsammlungen Mailands.

Die Nachkriegszeit

Nach der Zeit des Faschismus mit seinen monumentalen Bauten

(z.B. Hauptbahnhof, 1931) wandte sich die Malerei und Skulptur der abstrakten und konzeptuellen Kunst zu. So läutete **Lucio Fontana** (1899–1968) den **Spazialismo** ein und öffnete farbige Leinwände durch Schnitte. Der Konzeptkünstler **Piero Manzoni** (1933–1963) liebte es, als enfant terrible aufzutreten. So schuf er ein Kunstwerk aus 90 Dosen, die er mit der Aufschrift „Merda d'artista" (Kot des Künstlers) versah. Einen Überblick über die Kunst in Italien bis zur Jahrtausendwende bietet die **Civica raccolta d'arte contemporanea**, die ihre alten Räume im Palazzo Reale verlassen wird und im daneben liegenden **Palazzo dell'Arengario** › S. 66. Ende 2009 einen neuen Sitz erhält.

Und heute?

Auch aktuell ist Mailand das Zentrum für Gegenwartskunst in Italien. Das liegt nicht zuletzt an der **Brera-Akademie**, an der ca. 3500 angehende Künstler studieren. Einen Überblick über die aktuellen Strömungen der Gegenwartskunst gibt die **Triennale di Milano** (www.triennale.it). Die seit 1923 veranstaltete Leistungsschau ist neben der Biennale von Venedig das wichtigste Kunstevent Italiens. Die Fondazione di Triennale hat ihren Sitz im **Palazzo dell'Arte** › S. 82. Das Highlight ist dort das Museum, das neben der ständigen Sammlung und Wechselausstellungen auch ein Designmuseum beherbergt. Seit 2006 gibt es eine Außenstelle der Triennale-Stiftung im Vorort Bovisa mit Ausstellungen zu Themen wie Mode und Comics (V. Lambruschini 31, Di.–So. 10–23 Uhr, Tram 1, Piazza Castelli).

Ein weiteres wichtiges Forum ist die Kunstmesse **MiArt**, die jedes Jahr im März/April stattfindet (www.miart.it). Am spannendsten ist es aber immer noch, sich in den zahlreichen Galerien auf die Suche nach einem gerade erst entdeckten Talent oder der hippesten Strömung zu machen.

Galerieszene Lambrate

Unbezahlbare Mieten gerade im Brera-Viertel haben junge und mutige Galeristen gezwungen, sich nach Alternativen für ihre Räume umzusehen. Dabei haben sie die ehemalige Industrievorstadt Lambrate entdeckt. Dort werden in ehemaligen Gewerbe- und Handwerksbetrieben die aufregendsten und neuesten Trends der Mailänder Szene präsentiert. Wer sich also für die neuesten Trends interessiert, der sollte sich einen Bummel durch die Galerien um die Via Ventura, die alle Di–Sa meist 12–19 Uhr geöffnet sind, nicht entgehen lassen.

- **Prometeogallery**, Via Ventura 3, www.prometeogallery.com.
- **Galleria Massimo de Carlo**, Via Venturi 5 (Hinterhaus), www.massimodecarlo.it.
- **Galleria Zero**, Via Ventura 5, www.galleriazero.it.
- **Francesca Minini**, Via Massiminiano 25, www.francescaminini.it.
- **Galleria Klerkx**, Via Massiminiano 25, www.manuelaklerkx.com.

**Santa Maria presso San Satiro 5

Die Basilika an der lauten Via Torino, die direkt von der Piazza del Duomo abzweigt, wird leider von einem durch die Straße begrenzten Raum eingezwängt. Dabei hätte der ungewöhnliche Frührenaissancebau etwas mehr Platz verdient, um seine Wirkung voll entfalten zu können. San Satiro ist das erste Werk Bramantes in Mailand, das er gleich zwei Jahre nach seiner Ankunft am Hofe Ludovico Sforzas 1480 begonnen hatte. Dabei bezog er auch den Vorgängerbau, eine Kirche aus dem 9. Jh., und den Campanile des 11. Jhs., mit ein. Anlass für die Erweiterung von San Satiro war eine Erscheinung, die allerdings schon mehr als zwei Jahrhunderte zurücklag. 1242 soll ein Marienbild, das von einem wutentbrannten

Zwei Kardinäle Borromeo

Die klingenden Namen der beiden Geistlichen aus dem mächtigen Fürstengeschlecht der Borromeo begleiten einen durch ganz Mailand. **Carlo Borromeo** war von 1560 bis zu seinem Tod 1584 Kardinal und Erzbischof der lombardischen Hauptstadt und weihte den Dom. Der strenge Gottesdiener wird mit allem in Verbindung gebracht, was südlich der Alpen ein Vordringen der Reformation verhinderte. Sein entschiedenes Votum gegen die Protestanten auf dem Konzil von Trient (1545–1563) war ausschlaggebend dafür, dass es zu keiner Beilegung der Glaubensspaltung kam, in deren Folge die Gegenreformation ausgelöst wurde. Den Mailändern aber stand der Kardinal so nah, dass er zur Legende wurde. Er war volksverbunden, half während Pest und Hungersnot, verwirklichte – wenn auch mit zweifelhaften Methoden – eine Reform in den eigenen Reihen gegen Korruption und Machtbesessenheit. Vor allem gelang es ihm, die Spanier davon zu überzeugen, auf eine Inquisition in Mailand zu verzichten. 1610 wurde Carlo Borromeo von Papst Paul V. heiliggesprochen, seither ist er den Mailändern der lebensnahe San Carlo.

Auch sein Neffe, Kardinal **Federico Borromeo**, war eine der herausragenden Persönlichkeiten in dieser an Pestseuchen und spanischer Misswirtschaft leidenden Zeit. Ebenso wie sein Onkel hatte er Mitleid mit dem Volk, eine damals sehr seltene Tugend. Den eindringlichsten Bericht seiner Größe hat Manzoni in seinem Roman »Die Verlobten« überliefert: »1630 wütete abermals die Pest in Mailand, und die Straßen boten einen unbeschreiblichen Anblick: ein unaufhörlicher Elendszug, ein Schauplatz beständiger Leiden (…). Es braucht wohl nicht betont zu werden, dass Federico seine Maßnahmen nicht auf diese krassesten Fälle des Elends beschränkte und auch nicht erst gewartet hatte, um etwas zu unternehmen. Seine wache und wendige Nächstenliebe musste alles mitempfinden, sich um alles bemühen, herbeieilen, wo sie nicht hatte zuvorkommen können, sozusagen so viele Formen annehmen, wie sie die Not hervorbrachte.«

Spieler mit dem Messer angegriffen worden war, Blut verloren haben. Das Wunder führte zu einer kleinen Wallfahrt, so dass schließlich eine Kirche notwendig wurde, die Bramante dann entwarf.

Die Formensprache San Satiros richtet sich nach den Vorstellungen der Renaissance: Vielseitige Bewegtheit ist das Leitmotiv für den zylindrisch ummantelten Unterbau, den tiefe Halbkreisnischen rhythmisch gliedern, die beidseitig von Pilastern gerahmt sind. Vier Pultdächer leiten zum oktogonalen Tambour über, auf dem sich eine runde Laterne erhebt. In der dreischiffigen Basilika mit Querhaus nimmt nur eine **Scheinperspektive** die Stelle der Apsis ein, da die Straße die Bebauung nach Süden begrenzte.

Gemälde in der Ambrosiana

Kunstvolle Stuckornamentik täuscht die Tiefe der Apsis vor. Erst auf den zweiten Blick wird man gewahr, dass hier Architektur nur mit malerischen Mitteln gestaltet wird. Bramante war als Maler bei Piero della Francesca ausgebildet worden, dem Meister der Zentralperspektive, und hatte dort alle erdenklichen Verfahren illusionistischer Architekturmalerei gelernt.

Durch einen Durchgang in der Ostwand des Querhauses kommt man in den Ursprungsbau, die heutige **Cappella della Pietà**. Sie hat in ihrer Einfachheit noch die bauliche Kraft der frühchristlichen Kunst bewahrt. Die Pietà schuf Agostino de' Fondutis, der auch das Baptisterium 1483 nach Entwürfen Bramantes errichtet hatte. In das frühchristliche Bauschema, den Grundriss eines Oktogons mit alternierend rechteckigen und halbrunden Nischen, fügte de' Fondutis ein aufwendiges und kompliziertes Dekor ein (7.30–12.00, 13.30–19.00, So u. Fei 9.30–12.30, 15.30–19.00 Uhr).

Palazzo dell'Ambrosiana 6

Eine der bedeutendsten Gemäldegalerien Mailands liegt von Santa Maria nur einen Steinwurf entfernt. Wenn man die Via Torino quert, findet man gleich rechter Hand die kleine Piazza Santa Maria Beltrade, an deren Ende man den Palazzo dell'Ambrosiana schon sieht. Der Eingang zu dem Komplex befindet sich rechts an der Piazza Pio X. Der mächtige Bau wurde 1603 bis 1609 im Auftrag des Kardinals Federico Borromeo errichtet, um dessen Bibliothek und Kunstsammlung aufzunehmen, für die im nahegelegenen Familienpalast an der Piazza Borromeo 7 nicht mehr genügend Platz vorhanden war.

**Pinacoteca Ambrosiana

Dem sittenstrengen Kardinal Borromeo, der ab 1595 als wichtiger Mäzen die Kunst seiner Zeit förderte, hat Mailand die nach der Sammlung der Brera bedeutendste Kunstkollektion der Stadt zu verdanken. Das Kunstmuseum in der Pinacoteca Ambrosiana mit seinen Mosaikaufgängen und aufwendigen Marmordekors erstrahlt nach jahrelangen Restaurierungsarbeiten wieder in neuem Glanz. Die Zahl der Säle, die man auf 24 verdoppelt hat, wird nun dem außerordentlichen Reichtum der Sammlung gerecht. Stiftungen

und Schenkungen haben die Sammlung Federico Borromeos so vervollständigt, dass sie einen Überblick über die Kunst vom 12. bis zum frühen 18. Jh. gibt. Neben Werken lombardischer, flämischer und deutscher Maler umfasst die Pinacoteca Ambrosiana Bilder Botticellis, das »Porträt der Beatrice d'Este« sowie den »Musiker« Leonardo da Vincis, Entwürfe für Fresken in den Stanzen des Vatikans von Raffael, den »Früchtekorb« von Caravaggio – ein Schlüsselbild des Manierismus – sowie Gemälde von Tizian, Tiepolo und Moretto (Di–So 10–17.30 Uhr).

Mehr als 700 000 Bücher und etwa 35 000 Manuskripte zählen zum Schatz der **Biblioteca Ambrosiana**, in der der »Codex Atlanticus« von Leonardo da Vinci, die gotische Bibel des Bischofs Wulfila und Fragmente der Ilias mit Miniaturen aus dem 5. und 6. Jh. als kostbarste Schriften aufbewahrt werden (Mo–Fr 9.30–17 Uhr; Mitte Juli bis Ende Aug. geschl., Tel. 02 80 69 21, www.ambrosiana.it).

2 Peck

Gleich um die Ecke lockt das Feinkostgeschäft Peck in der Via Spadari 9. Auf fast 3000 m^2 locken die feinsten Delikatessen, sei es exklusiver Parmaschinken, in Asche eingelegter Käse, Trüffel oder Olivenöl aus allen Landesteilen. Frische Tagliolini, Ravioli und anderen Nudelspezialitäten lassen einem das Wasser im Mund zusammen laufen, sehnsüchtig fällt der Blick auf Weinflaschen aus Spitzenjahrgängen. Im Café im 1. Stock kann man zumindest den Heißhunger auf Süßes stillen – mit dem einen oder anderen Petit Four. Auf dem Weg zu Peck kommt auch der Kunstgenuss nicht zu kurz. Das schönste Gebäude aus der Zeit des Jugendstils hat der Architekt Ernesto Pirovano mit der Casa Ferrario in der Via Spadari 3–5 hinterlassen.

Shopping

Gourmets kommen in der **Via Spadari** und der **Via Speronari** auf ihre Kosten, die ein köstliches Spektrum an kulinarischen Genüssen bieten. Was immer sich eine schöpferische Fantasie in der Küche und im Keller ausgedacht hat, das geht hier über die Ladentische. Die hohe Schule der Esskultur feiert sichtbar ihre Triumphe, und Feinschmecker sollten es sich nicht entgehen lassen, beim Gaumenfest dabei zu sein. Die größte Auswahl an Käsesorten aller Art gibt es in der **Casa del Formaggio**, Via Speronari 3. Gegenüber kauft man den passenden Wein.

Restaurant

Trattoria Milanese
Via Santa Marta 11
Tel. 02 86 45 19 91
Das traditionsreiche und gute Restaurant konzentriert sich auf lombardische Spezialitäten. ●●

*Piazza dei Mercanti 7

Der Platz gehört zu den schönsten Winkeln im Stadtbild und versöhnt mit so manchen modernen Bausünden. Vor allem wenn man durch einen der Bogengänge von

der hektischen V. Orefici auf die Piazza mit ihren Cafés kommt, hat man das Gefühl, in eine andere Welt einzutreten. Vor der imposanten Kulisse mehrerer Verwaltungsgebäude des Mittelalters fällt es leicht, sich das städtische Leben zur Zeit der freien Kommune vorzustellen. Von der einst geschlossenen, viereckigen Platzanlage führten sechs Tore zu den sechs *quartieri*, Vierteln, der Stadt – die Piazza Mercanti war der Nabel Mailands. Leider schlug man Mitte des 19. Jhs. aus verkehrstechnischen Gründen mit der Via Mercanti eine Schneise in die Piazza und zerstörte ihre harmonische Stille.

*Palazzo della Ragione

Der lang gestreckte Bau teilt den Platz in zwei Hälften. In der dreischiffigen Säulenhalle des ehemaligen Rathauses wurde Markt abgehalten, es trafen sich hier zu verschiedenen Anlässen die Ratsmitglieder zu Versammlungen, später auch die Bankiers. Der große Ratssaal nimmt das ganze Obergeschoss ein, das heute für wechselnde Ausstellungen genutzt wird. Bis 1770 diente der Palast als Sitz der Stadtverwaltung. Dann ließ Maria Theresia hier das noch bis heute bestehende Notariatsarchiv unterbringen, das einen Aufbau erforderte. Rund 40 Millionen Akten vom 13. Jh. bis zur Gegenwart lagern hier.

Der auf dem Relief am vierten Pfeiler abgebildete Reiter erinnert an Oldrado da Tresseno, den Auftraggeber des Palazzo und »Feind der Ketzer«, als welchen ihn die Inschrift würdigt. Das künstlerisch sehr sensibel ausgeführte Relief stammt möglicherweise aus

Dario Fo – Nobelpreisträger und Hofnarr

In der Theaterszene ist Dario Fo noch in hohem Alter als enfant terrible bekannt. Der 1926 in der Nähe von Mailand geborene Autor arbeitete nach einer Ausbildung an der Brera für Rundfunk und Film, bevor er in den 60er-Jahren mit eigenen Stücken hervortrat. In der heißen Phase der Studentenunruhen 1968 gründete er die »Nuova Scena«, mit der er das Theater wieder auf die Straße zum Volk bringen wollte. Fo ist wie einst der Hofnarr ein Autor, der Missstände der italienischen Gesellschaft durch die entwaffnende Macht des (oft bitteren) Humors den Herrschenden vor Augen führt. Der Allrounder inszenierte seine Stücke meist selbst und ist ein begnadeter Darsteller seiner skurrilen Personen, so wie vor ihm schon Molière. Seinen Durchbruch hatte er mit *Mistero buffo* (Komisches Mysterium, 1969), in dem er den katholischen Glauben kritisch hinterfragte. Für sein Lebenswerk wurde er 1997 mit dem Nobelpreis für Literatur geehrt. Sich einzumischen ist Fo immer noch ein Bedürfnis, weshalb er sich auch bei der Mailänder Bürgermeisterwahl 2006 für das Mitte-Links-Bündnis Unione als Bürgermeisterkandidat aufstellen ließ.

der Schule des Benedetto Antelami, eines der Hauptmeister der italienischen Romanik. Die Namen an den Pfeilern würdigen die im Freiheitskampf zwischen 1943 und 1945 gefallenen Soldaten.

Loggia degli Osii und Palazzo dei Giureconsulti

Gegenüber dem alten Rathaus liegt die elegante **Loggia degli Osii**, über deren Fassade sich abwechselnd schwarze und weiße Marmorbänder ziehen. Ein Fries mit Wappen der einzelnen Mailänder Stadtviertel und der Visconti schmückt die Bogen des Erdgeschosses. Die Loggia entstand 1316 wohl aus rein bauästhetischen Gründen auf Wunsch Matteo Viscontis nach toskanischen Vorbildern – eine Funktion hatte sie jedenfalls nicht zu erfüllen. Erst später wurden von ihrem Balkon Gerichtsurteile verkündet, die im **Palazzo dei Giureconsulti** an der nördlichen Seite des Platzes gefällt worden waren. Papst Pius IV. hatte ihn 1558 in Auftrag gegeben und ein Kollegium der Rechtsgelehrten dort eingerichtet. Vincenzo Seregni, der ausführende Baumeister, akzentuierte vor allem das Obergeschoss des Palastes, indem er die Fenster mit Büsten und Wappen aus dem Hause Medici schmückte.

Palazzo delle Scuole Palatine und Palazzo dei Notai

Als Pendant zum Justizpalast fügte Carlo Buzzi 1645 den **Palazzo delle Scuole Palatine** in das Platzensemble ein. Der ursprüngliche

Palazzo dei Giureconsulti

Charakter verlor sich leider bei Umbauten im 19. Jh., allein die Fassade Buzzis blieb erhalten. Von dem **Palazzo dei Notai** aus dem 15. Jh. haben leider auch nur die spätgotischen Spitzbogenfenster mit den reizvollen Backsteinrahmen sowie die Spitzbogenloggia die Jahrhunderte überdauert.

Shopping

Wer Kuchen und Torten mag, der sollte einen Besuch in der **Pasticceria Bindi** an der **Piazza Cadorna 9** nicht versäumen. Besonders zu empfehlen: *profiteroles*, gefülltes Cremegebäck mit Schokoladensoße.

Via Dante und Piccolo Teatro 8

Über die Piazza Cordusio kommt man auf die mit imposanten Palazzi des 19. Jahrhunderts gesäumte **Via Dante**, eine der schönsten Straßen Mailands. Dieser Prachtboulevard wurde 1890 durch die mittelalterliche Bebauung gebrochen, um dem Repräsentationsbedürfnis der Epoche zu entsprechen. Auf halber Höhe der für den Verkehr gesperrten Straße kann man auf der einen Seite über den Dächern der Gebäude die alles überstrahlende Madonnina des Domes sehen. Als Blickfang auf der anderen Seite grüßt schon von weitem der Uhrturm des Castello.

Rechts geht die Via Rovello ab, wo im **Piccolo Teatro** mit den Inszenierungen Giorgio Strehlers Theatergeschichte geschrieben wurde. Das von dem Maestro mitbegründete Theater in einem ehemaligen Kino setzte vor allem mit den spektakulären Brecht-Inszenierungen politische und ästhetische Akzente. Mit seinen antielitären, auch revolutionären Regiekonzepten wirkte Strehler weit über die Bühne hinaus und wurde zum Leitstern vieler Theatermacher. Doch die Ehe zwischen dem 1947 gegründeten Theater und dem Maestro ging 1996 in die Brüche.

3 **Castello Sforzesco 9

Ein Stück der Mailänder *grandezza* hat sich im Castello Sforzesco erhalten. Schon die Annäherung über die Via Dante gleicht einer Inszenierung. Am Ende der Straße befindet sich das große Rund des verkehrsumtosten Largo Cairoli, in dessen Mitte die Reiterstatue Giuseppe Garibaldis natürlich nicht fehlen darf. Bevor man auf die halbkreisförmige Piazza des Castello tritt, durchschreitet man das Foro Bonaparte, einen Komplex herrschaftlicher Wohnarchitektur vom Ende des 19. Jhs., das sich wie ein Hufeisen um das Castello Sforzesco legt. Hinter einer dieser herrschaftlichen Fassaden soll auch der Schriftsteller **Umberto Eco** mit seiner immensen Bibliothek wohnen. Erst hier, direkt vor dem Torre dell'Orologio, kann man die Größe der Zwingburg der Mailänder Stadtherren richtig ermessen.

Die Visconti hatten den Ort bereits für ihre Residenz gewählt, doch ihr Schloss war nach dem Tod Filippo Maria Viscontis 1447 geplündert und zerstört worden, sodass Francesco Sforza, der neue Herzog von Mailand, 1450 eine neue Zwingburg errichten ließ. Die Sforza fühlten sich sicher hinter den dicken Backsteinmauern und führten hier ein rauschendes Leben, dessen Glanzpunkt die Hochzeit Ludovico il Moros mit Beatrice d'Este war. Welch ein Schrecken muss es da gewesen sein, als 1521 ein furchtbarer Knall in einer Gewitternacht zu hören war. Ein Blitzschlag hatte den gerade erst fertig gestellten Uhrturm getroffen und Unmengen von Schießpulver, die dort lagerten, zur Explosion gebracht. Erst 1880 konnten sich die Mailänder zu einer Neuerrichtung des Turmes entschließen.

Seine friedlichste und kunstsinnigste Zeit erlebte das Castello

unter Ludovico il Moro, der die besten Künstler der Renaissance an seinen Hof holte. Leonardo da Vinci malte mehrere Säle des Palastes aus, und Donato Bramante vollendete den Portikus der *Rocchetta* (Zitadelle). Auch fügte er eine Galerie mit Steinbrücke am Eckturm der Rocchetta an.

Der künstlerischen Blütezeit am Hofe Ludovico il Moros bereiteten die Franzosen ein Ende, die 1499 die Residenz besetzten. Ihnen folgten weitere Schlossherren: Die Spanier verwandelten das Castello in eine Bastion, in der sie sich mit 3000 Soldaten verschanzten; die Österreicher zogen sich hierher zurück, um in den berüchtigten »Fünf Tagen« die Stadt 1848 beschießen zu lassen. Vor diesem kriegerischen Hintergrund wundert es wenig, dass man das Symbol für Tyrannei und Fremdherrschaft Ende des 19. Jhs. fast abgerissen hätte.

Cortile delle Milizie

Der Eingang in die Festung führt durch den **Uhrturm**, der von zwei mächtigen Rundtürmen an den Eckpunkten der viereckigen Maueranlage flankiert wird. Sie zieren mehrere Marmorwappen mit einer Viper, dem Familienzeichen der Visconti und Sforza.

Der Weg führt zunächst in den Cortile delle Milizie, wo die Truppen der Sforza gedrillt wurden. Der Exerzierplatz wird von der Rocchetta, der Torre di Bona di Savoia und den Gebäuden des Corte Ducale abgeschlossen. Die Rocchetta diente den Herzögen

Garibaldi und Castello Sforzesco

als letzte Zuflucht bei Gefahr, den Wohnturm ließ Bona di Savoia, Gemahlin des ermordeten Gian Galeazzo Visconti, 1477 als weitere Sicherung errichten. Die Innenräume der Residenz werden heute als Museum genutzt.

Civiche Raccolte d'Arte Applicata

Das Museum für Kunstgewerbe zeigt neben Goldschmiedearbeiten und Elfenbeinschnitzereien auch Glasbläserobjekte aus Murano. Im Untergeschoss werden neben Leder- und Stoffarbeiten die Sammlungen des **Museums für Musikinstrumente** gezeigt. Für Musikinteressierte sind die 650 Exponate, darunter viele historische Instrumente namhafter Kon-

Durch den Uhrturm kommt man in den Hof des Castello Sforzesco

strukteure, ein Glanzpunkt, gehört die Ausstellung doch zu den bedeutendsten in Europa.

Rocchetta und Schatzkammer

Den Hof der **Rocchetta** säumen Arkadengänge aus dem 15. Jh., an denen unter anderem Filarete und Bramante arbeiteten. Sie sind mit Medaillons geschmückt, die die Wappen der Sforza und der Visconti tragen. Von hier aus erreicht man die **Schatzkammer**, in der die Herzöge Gold und Silber sowie ihre Edelsteine hüteten. Ein Hundertäugiger Argus von Bramante wachte auf einem Fresko über all die Kostbarkeiten. Heute sind in der Schatzkammer die **Prähistorische Sammlung** mit Fundstücken vom Paläolithikum bis zur Eisenzeit untergebracht sowie die **Ägyptische Sammlung**, die Sarkophage, Mumien, Stelen, Papyri sowie Schmuck und Gefäße präsentiert.

**Corte Ducale Erdgeschoss

Die Sammlungen des Skulpturenmuseums umfassen viele Fragmente von Mosaikböden, Kapitellen und Gräbern. Daneben werden Waffen und Teppiche ausgestellt. Bedeutsam sind aber nicht allein die Exponate, sondern vor allem die **prachtvolle Ausstattung der Räume.**

Erster Höhepunkt ist die **Sala delle Asse** im nordöstlichen Eckturm des Schlosses, die Leonardo da Vinci 1497 bis 1498 ausmalte. Die Malerei Leonardos entführt mit Bäumen, Wurzelwerk sowie einer Blätterpergola, durch die der Himmel scheint, in die Natur. In die illusionistische Laube platzierte Leonardo die Wappen des Ludovico il Moro sowie seiner Frau Beatrice d'Este. In das Blattwerk ist ein Seil zu ornamentalen Knoten verwoben, ein wiederkehrendes Motiv bei Leonardo, über dessen Deutung wenig Einigkeit

besteht. Möglicherweise spielte der Maler damit an die Verknüpfung von Gedanken an.

Auch die **Saletta Negra**, hatte Leonardo gestaltet, doch erhalten blieb einzig eine Tafel mit der Inschrift »Traurig wird schließlich alles, was die Sterblichen als Glück ansahen«. Die Medaillonbildnisse der Sforza malte Bernardino Luini Anfang des 16. Jhs.

Die **Cappella Ducale** errichtete 1472 Benedetto Ferrini, lombardische Künstler gestalteten sie mit Fresken aus. Durch die **Sala delle Colombine** mit den vielen Taubenfresken sowie die **Sala Verde** mit Renaissanceportalen und einer imposanten Waffensammlung gelangt man in die berühmte **Sala degli Scarloni**, die ihren Namen von den Zickzackstreifen herleitet, die in den Farben der Sforza gehalten sind. Der Geheime Rat entschied einst in der Sala über die Geschicke der Stadt. Heute werden dort die berühmte liegende Grabfigur des Gaston de Foix von Agostino Busti, das große Grabmal des Bischofs Baragoto sowie die ****Pietà Rondanini** gezeigt, das letzte, unvollendete Werk Michelangelos.

**Corte Ducale Obergeschoss

Durch einen hölzernen Wehrgang und über eine alte Reittreppe gelangt man in das Obergeschoss mit Möbeln des 15. bis 18. Jhs. Im Saal XVII wird ein Freskenzyklus aus dem Kastell Roccabiancha bei Parma gezeigt, der die Griselda-Legende nach dem Vorbild von Boccaccios Decamerone darstellt. Saal XX stellt Malerei der Spätgotik und der Frührenaissance aus, der folgende Raum Renaissancemalerei mit Werken von Bramantino, Foppa, Moretto, Correggio und Romanino

Info

Öffnungszeiten Castello Mo–So 7–19 Uhr, im Winter 7-18 Uhr, Museum 9–17.30 Uhr, Mo geschl., Fr ab 14 Uhr freier Eintritt. Tel. 02 88 46 37 00, www.milanocastello.it.

Rollendes Restaurant

Gutes Essen und gleichzeitig Sightseeing? Wer ein Abendessen in ganz besonderem Ambiente erleben will, der sollte **ATMosfera** nutzen. Die städtischen Verkehrsbetriebe haben eine historische Straßenbahn zu einem Restaurant mit edlem Ambiente umfunktioniert. Sie startet am Castello Sforzesco, fährt vorbei an Cimetero Monumentale und Scala zu den Navigli und über den Dom zurück. Während der zweieinhalbstündigen Fahrt durch das abendliche Mailand wird ein Spitzenmenü serviert, bei dem man zwischen Fleisch, Fisch und vegetarisch wählen kann. Um an diesem exklusiven Vergnügen teilzunehmen, ist eine Reservierung spätestens einen Tag vorher unter der Nummer 8 00 80 81 81 erforderlich (Di–So, 20 Uhr ab Piazza Castello, 65 €/Person, www.atm-mi.it).

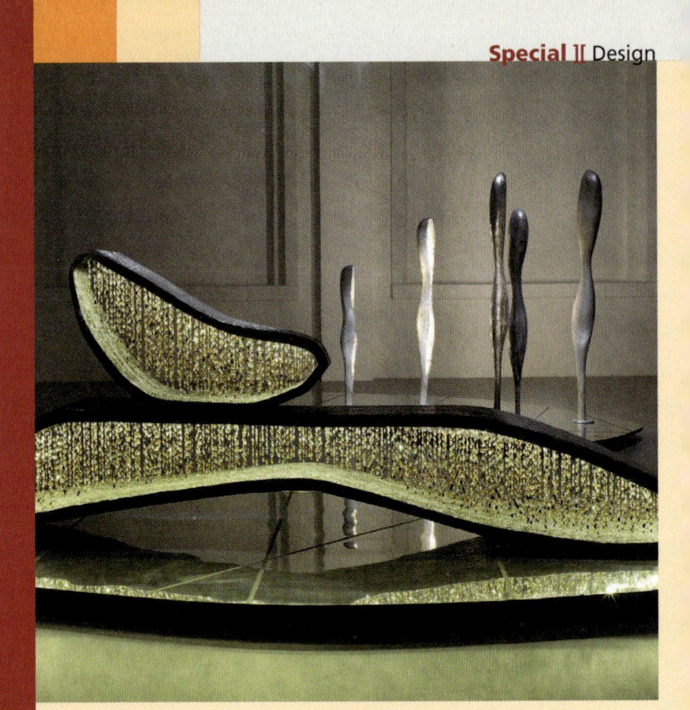

Special

Mailand setzt Maßstäbe

»Made in Italy« steht seit Jahrzehnten für Produkt-Persönlichkeiten. Design oder Nichtsein, das ist die Frage – eine Mailänder Frage, denn vieles, was in Sachen Türklinke, Zuckerdose oder Zahnstocher mit skulpturaler Aura in den Alltagsgebrauch kommt, wurde in Milano entworfen. Hier herrscht gewissermaßen ein Dauerflirt zwischen funktionaler Gestaltung und hoher Kunst. Was aus dem Ideenfundus von Achille Castiglioni, Matteo Thun, Ettore Sottsass, Aldo Rossi, Gae Aulenti und Mario Bellini stammt, setzt weltweit Maßstäbe für den

Wohnen made in Italy

De weltgrößte Internationale Möbelmesse, der **Salone Internazionale del Mobile** in Mailand setzt Maßstäbe. Und seit Jahren belegt die Apenninhalbinsel die Numero Uno des Möbelexports. Italian Style – das ist Eleganz, Raffinesse und Modernität. Und darüber scheint es in der ganzen Welt einen Konsens zu geben. Die Flaggschiffe des Italo-Designs liegen dabei in Milano vor Anker, darunter Artemide, Driade, Natuzzi, Flos, Molteni oder Cappellini.

guten Geschmack. Eine Kaffeemaschine ist eine Kaffeemaschine? Von wegen! Nach dem Lifting durch Aldo Rossi hat man es längst nicht mehr mit der Banalität des Gegenständlichen zu tun.

Ettore Sottsass – der Altmeister des Designs

Design solle vom Leben erzählen, Erinnerungen wecken und den Spieltrieb anregen, formulierte der Designer Ettore Sottsass (1917–2007) einmal sein gestalterisches Credo, das dem europäischen Design in den 1960er-Jahren den Weg wies. Sottsass war einer der führenden Köpfe der 1976 gegründeten Designbewegung Alchimia. Sie stellte der kalten Funktionalität moderner Massenproduktion eine neue emotionale Beziehung zwischen Benutzer und Objekt entgegen. Heraus kommt eine expressive, ironisch-witzige Akzentuierung der Gebrauchsgegenstände. An diese Richtung knüpfte auch die 1981 unter Sottsass-Führung gegründete Gruppe Memphis an, deren Design auf eine sinnliche Wechselwirkung zwischen Objekt und Mensch abzielte.

Italienisches Design erobert die Welt

Der allgemeine Durchbruch des Mailänder Designs kam dann in den 1980er-Jahren. Aus einer Bewegung, die sich nur an eine betuchte und interessierte Oberschicht wandte, wurde ein Massenphänomen. Firmen wie Alessi wurden allgemein bekannt,

Trends und Schnäppchen

Die Trends sind bei **10 Corso Como** zu finden, der Tipp für den schmalen Geldbeute ist **DB Living**
› S. 30, 31.

Kopien von Designobjekten eroberten sich die Wohnungen aller Trendbewussten. Der ehemals unbekannte, im Hintergrund wirkende Entwerfer von Gebrauchsgegenständen wurde zum gefeierten Star, der mehr im Vordergrund stand als der Hersteller.

Ein Museum für Design

Modernes Design vergangener Tage hat Ende 2007 einen würdigen Platz gefunden. Im Parco Sempione wurde das Designmuseum eingeweiht. Es ist ein Muss für jeden, der sich für schöne Dinge begeistern kann.

Museo d'Arte e Scienza

Echt gut!

Beim Castello liegt das Museo d'Arte e Scienza mit einer **einzigartigen Ausstellung** zum Leben und zum Werk Leonardo da Vincis – und einem unterirdischen Geheimgang ins Schloss (Via Q. Sella 4, Mo–Fr 10–18 Uhr, Tel. 02 72 02 24 88, www.museoarte scienza.com).

*Parco Sempione 10

Durch die Porta del Parco im Nordwesten der Bastion gelangt man in den Parco Sempione. 1893 wurde der Mailänder Stadtpark im Stil eines englischen Landschaftsgartens mit Blumenbeeten, Baumgruppen und kleinen Seen angelegt. Die Mailänder kommen gerne hierher. Es ist einer der wenigen Orte, wo Kinder spielen können und man den Abend mit Freunden im Grünen verbringen kann. Auch verliebte Pärchen treffen sich auf den Parkbänken.

Acquario Civico

In einem schönen Jugendstilgebäude haben zahlreiche Meerestiere ein Zuhause gefunden. In 48 Becken tummeln sich unzählige Fische und andere Meeresbewohner. Bei seiner Eröffnung 1908 galt das Mailänder Aquarium als eines der bedeutendsten in Europa. Heute gehört die Abteilung der exotischen Fische immer noch zu den weltweit größten. In der Bibliothek werden Jahrhunderte hydrobiologischer Forschung zusammengefasst (Di–So 9–13 und 14–17.30 Uhr; Tel. 02 88 46 57 54, www.verdeacqua.eu).

*Palazzo dell'Arte und Triennale Design-Museum

Der **Palazzo dell'Arte** entstand 1933 im westlichen Teil des Parks. Heute findet dort die **Mailänder Triennale** statt, eine internationale Ausstellung moderner Architektur, die weltweit große Beach-

Im Museo d'Arte e Scienza

tung findet und sich insbesondere den Fragen des modernen Städtebaus sowie des zeitgenössischen Wohnens widmet. Seit Ende 2007 beherbergt der Palazzo im Obergeschoss auch das **Triennale Designmuseum**, das sich mit seiner ständigen Sammlung und wechselnden Ausstellungen als Dokumentationsstätte für zeitgenössische angewandte Kunst sieht (Di–So 10.30–20.30 Uhr, www.triennale.it). Im **Museumscafé Coffee Design kann man übrigens Design hautnah erleben**. Welcher Stil passt am besten zu einem Campari, welcher zum Espresso? Diese Entscheidung können Sie mit Hilfe von 50 verschiedenen Designerstühlen treffen, die zum Verweilen einladen.

Restaurant

Am Fuß der Torre Branca hat der Stylist Roberto Cavalli ein Café eröffnet, dessen gläserne Wände und Dach den Eindruck vermitteln, unter freiem Himmel zu sitzen. Besonders bei strömendem Regen ein wunderbares Essen im Trockenen zu genießen, ist ein Erlebnis, das die Rechnung am Ende leicht verschmerzen lässt. ●●●

Torre Branca

In der Nähe des Palazzo dell'Arte liegt die 109 Meter hohe **Torre Branca**. Der stählerne Turm, der aus Anlass der Triennale 1933 errichtet wurde, bietet von seiner Aussichtsplattform einen tollen Blick auf Mailand. Wenn man an klaren Tagen kommt, dann wirken die Alpen zum Greifen nah. Auch der Blick abends auf das Lichtermeer der Großstadt gehört zu den Highlights eines Mailandaufenthalts (Mo/Di 21.30–0.30, Mi bis Sa 10.30–12.30, 15.30–18.30 und 21.30–0.30, So 10.30–18.30 und 21.30–0.30 Uhr).

Arco della Pace

Am Ende des Parks, am verkehrsumtosten Piazzale Sempione, wollte sich Napoleon verewigen und den Triumphen der Grande Armée ein Denkmal setzen. Doch die Geschichte verlief anders: Der Triumphbogen, den bezeichnenderweise kein Friedensengel, sondern Victoria, die Göttin des Sieges, krönt, war noch lange nicht fertiggestellt, als Napoleon eine militärische Niederlage nach der anderen hinnehmen musste.

Die Bauarbeiten wurden von Kaiser Franz I. fortgesetzt. Er ließ den Friedensbogen zum Gedenken an den Wiener Kongress 1815 errichten, worauf sich die Reliefs an den beiden Fassaden beziehen. Seit 1859 erinnert der Arco de la Pace schließlich an den Einmarsch der piemontesisch-französischen Truppen unter Vittorio Emanuele II. und Napoleon III.

Ein Fahrstuhl im Triumphbogen fährt bis zur obersten Terrasse. Von dort genießt man einen schönen Blick auf die Stadt. Es offenbaren sich jedoch auch Verschandelungen, die durch die Baupolitik nach dem Zweiten Weltkrieg entstanden sind. !! Ein Tipp für Fotografen: Von dem See im Park hat man einen Postkartenblick auf den Arco della Pace.

Das Goldene Viereck

Nicht verpassen!

- Nach einer Aufführung vor der Scala die Opernbesucher beobachten
- In der Boutique der Designer Viktor & Rolf die Welt aus einer anderen Perspektive erleben
- Einen Aperitivo in der Bar Zucca in Galleria trinken
- Windowshopping in der Via Montenapoleone

Zur Orientierung

Luxus pur! So kann man das sogenannte *Quadrilatero della Moda*, das Goldene Viereck, am besten umschreiben. Alles was Rang und Namen in der Welt der Mode und Luxusgüter hat, ist hier mit mindestens einem Laden vertreten. Dass die Branche boomt, sieht man daran, dass die ursprüngliche Modegegend zwischen Via della Spiga und **Via Montenapoleone** sich immer weiter zur Altstadt hin ausgedehnt hat und inzwischen bis zur **Galleria Vittorio Emanuele II.** und zur **Scala** reicht. Mitten in der Modescheinwelt stehen das **Civico Museo di Milano** und das **Museo Poldi-Pezzoli**, Mailands schönstes Museum.

Tour im Goldenen Viereck

Tempel der Eitelkeit

– 2 – Galleria Vittorio Emanuele II. › Piazza della Scala › Via Manzoni › Via Montenapoleone › Giardini Pubblici

Dauer: 4–5 Stunden Gehzeit
Praktische Hinweise:
Zum Ausgangspunkt kommen Sie mit den Ⓜ Metrolinien 3 und 1, Station Duomo. Wenn Sie shoppen wollen: Vormittags unter der Woche ist wenig los. Freitag nachmittags und Samstag kann es voll werden, aber auch die Passanten zu beobachten ist ein Erlebnis. Ohne Menschen erleben Sie das Viertel am Sonntagvormittag. Bars und Restaurants sind dann aber geschlossen.

**Galleria Vittorio Emanuele II. 1

Wie ein bombastischer Triumphbogen öffnet sich die Galleria Vittorio Emanuele II. zur Piazza del Duomo hin. Das Passagenwerk animiert seit Jahrzehnten zum rituellen Abend- und Sonntagsbummel, zu dem sich anscheinend die ganze Welt einfindet: Der elegante Geschäftsmann durcheilt die ehrwürdigen Konsumhallen, während die Tramper mit Rucksäcken erst einmal auf dem kühlen Mosaikboden ein Sit-in abhalten. Japaner fotografieren die Architektur und die Geschäftsauslagen, schwarzafrikanische Straßenhändler verkaufen Schirme und Kassetten. Und wer Zeit hat und etwas auf sich hält, der diniert bei **Savini** oder im **Zucca**. Selbst die Polizeigarden promenieren hier stattlich in ed-

Die zwei Arme der Galleria Vittorio Emanuele II.

len, dunkelblauen Uniformen mit glänzendem Säbel und erinnern eher an Statisten aus der nahen Scala als an Carabinieri. Die Galleria ist eben nicht nur Mailands Laufsteg, sondern auch der *salotto*, die gute Stube. Und das schon seit ihrer Einweihung. Am 7. März 1865 war die feierliche Grundsteinlegung, zwei Jahre später konnte die Galleria bereits durch König Vittorio Emanuele II. eingeweiht werden.

Die Passage ist äußerst beeindruckend: Zwei Arme bilden die Form eines Kreuzes, der eine ist 196, der andere 105 Meter lang. Nach oben wird der Raum durch ein gläsernes Gewölbe auf Eisenträgern abgeschlossen. Die Kuppel über dem Kreuzungsoktogon ist 47 Meter hoch.

Die Galleria teilte mit den Mailändern die traurigsten Ereignisse, darunter die Bombardierung 1943, und die glücklichsten Stunden. Und wie fast alle bedeutenden Bauwerke der Stadt ist auch sie mit ihrem harmonischen Nebeneinander von Kunst und Kommerz ein typisches Produkt der *milanesità*. Mailänder Eitelkeit entspricht schließlich wohl auch der Brauch, dem Stier im Mosaik unter der zentralen Glaskuppel auf das Glied zu treten, in der Hoffnung, die Potenz steigere sich dadurch.

Bar Zucca in Galleria

Wie wäre es zwischendurch mit einem Campari in der Bar Zucca in der Galleria? Die weltberühmte Bar eröffnete 1867 der Likörmacher Gaspare Campari, der den gleichnamigen Drink erfunden hat. Aus der kleinen Brennerei im Keller des Hauses wurde, als der Campari seinen Erfolgszug um die Welt antrat, ein riesiger Industriebetrieb, Heute trifft man sich in der Bar mit den schönen Ju-

gendstilmosaiken immer noch auf den roten Aperitif oder auf eine *zucca*, einen schwarzbraunen Rhabarberlikör, zu dem man Salzgebäck und Oliven nascht – die Mailänder tun das am späten Nachmittag.

An der Piazza della Scala

Geht man die Galleria hindurch, so erblickt man schon von Weitem Leonardo da Vinci, der gedankenversonnen und umgeben von seinen Schülern inmitten der Piazza della Scala thront, des Platzes der Musen. Zwei imposante Palazzi (Palazzo Marino und die Mailänder Scala) drängen sich hier in den Vordergrund und bilden den eigentlichen Platz.

5 *Teatro alla Scala 2

Man hätte sich – gemessen an der Bedeutung der Scala – sicher einen größeren und prachtvolleren Bau vorstellen können: Im Vergleich zu anderen Opernhäusern nimmt sich der Palazzo geradezu schlicht aus. Doch wenn man der Scala ihre kulturelle Bedeutung auch nicht unbedingt von außen ansehen kann, so verbinden sich mit ihr doch solch klingende Namen wie Rossini, Bellini, Verdi, Donizetti, Puccini sowie Dario Fo und Giorgio Strehler.

Ein verheerender Brand hatte 1776 das alte Mailänder Theater im Palazzo Reale völlig zerstört. Ein Wiederaufbau am gleichen Platz war nicht möglich. So ließ die kunstsinnige Kaiserin Maria Theresia die Kirche Santa Maria alla Scala abreißen, um auf dem Gelände das neue Theater entstehen zu lassen.

Den Auftrag für den Neubau erhielt der klassizistische Architekt Giuseppe Piermarini, der die Fassade mit einem mächtigen

So schlicht sie außen ist: Die Scala, das Opernhaus, ist weltberühmt

Palazzo Marino an der Piazza della Scala

Mittelrisaliten – einem vorspringenden Gebäudeteil – akzentuierte, dessen Gliederung im Hauptgeschoss Pilaster und Halbsäulen übernehmen.

Der Giebel ist mit einem Relief geschmückt, das den Musengott Apollo mit seinem Sonnenwagen zeigt. In nur 15 Monaten waren die Bauarbeiten abgeschlossen, schon im August 1778 konnte die Premiere mit der Oper »L'Europa riconosciuta« des Wiener Hofkapellmeisters Antonio Salieri gefeiert werden.

Abgesehen von einer kurzen Periode während der italienischen Einigungsbewegung des Risorgimento, in der von der Bühne der Scala auch revolutionäre Impulse ausgingen, sowie während der Unruhen von 1968, als der Intendant Paolo Grassi die Türen auch für Arbeiter und Studenten öffnete, ist die Scala bis heute eine viel gerühmte und viel gerügte Bühne für eine wohl eher unzeitgemäße Selbstdarstellung des Publikums.

Gleich nach dem Zweiten Weltkrieg, während dessen die Scala stark beschädigt worden war, entwickelten sich die Aufführungen zu einem Defilée der neuesten Moden, wie sich die Schriftstellerin Camilla Cederna erinnert: »Eine Bank in der Kirche, eine Loge in der Scala, ein Grab auf dem Monumentale. Seit mindestens 100 Jahren sind das stets die Prestigesymbole der Mailänder Familien, der adeligen wie der großbürgerlichen, gewesen. Drei Mythen, von denen die Scala, roter Samt, alte Spiegel und alte vergoldete Verzierungen in den schönsten Logen, gewiss der begehrteste war. Großartige Unterhaltung hatte hier Tradition …«.

Wer das 2002–2004 von Mario Botta restaurierte Haus außerhalb einer Vorführung besuchen möchte, kann die Termine unter

www.teatroallascala.org oder Tel. 0 28 87 91 in Erfahrung bringen.

*Museo Teatrale alla Scala

Opernfreunde, die keine Karte für den Musentempel bekommen, können sich in dem Theatermuseum ein wenig trösten, denn von hier kann man zumindest einen Blick in das pompöse Theater werfen. Das 1913 eingeweihte Museum dokumentiert die Operngeschichte von der Antike bis zur Gegenwart und die wechselvolle Historie der Scala. Neben Theaterplakaten, historischen Instrumenten, Gemälden, Masken, Büsten, Bühnenentwürfen und Kostümen zeigt das Museum auch Erinnerungsstücke an hier tätige Künstler. Rossini und Verdi ist jeweils ein eigener Raum gewidmet (tgl. 9–12.30 und 13.30–17.30 Uhr, Tel. 02 88 79 74 73).

Restaurant

Trussardi alla Scala
Piazza della Scala 5
Tel. 02 80 68 82 01
Mo–Fr ganztägig, Sa nur mittags
Gegenüber der Scala dient ein Palazzo dem Modelabel Trussardi als Hauptsitz. Neben einem Café wurde im 1. Stock über dem Laden im Jahr 2006 ein Feinschmeckertempel eröffnet, der hauptsächlich mediterrane Küche auf Fischbasis anbietet und einen tollen Blick auf das Opernhaus gewährt. ●●●

*Palazzo Marino 3

Die südöstliche Seite des Platzes bildet der Palazzo, den der Bankier Tommaso Marino 1558 in Auftrag gegeben hatte. Erst 1889 hatte Luca Beltrami den von Galeazzo Alessi begonnenen Bau vollendet. Die Anlage umschließt zwei Innenhöfe und richtet sich in ihrer Formensprache nach dem Vorbild des römischen Manierismus, in dem sich die Einheitlichkeit, die Ausgeglichenheit und die wohltuende Rhythmik der klassischen Baukunst auflösen. Ein Gefühl der Beunruhigung geht von der Kontrastwirkung der Fassade aus, das sich auf den Besucher überträgt. Im Innern des Hauses befanden sich kunstvoll gestaltete Räume, von denen noch die **Sala dell'Alessi** zu besichtigen ist. Viele andere Räume wurden im Bombenhagel 1943 zerstört.

San Fedele

Hinter dem Palast steht die Jesuitenkirche San Fedele, die Pellegrino Tibaldi 1569 bis 1579 errichte-

Besuch beim Barbiere

In Deutschland ist der Luxus, sich fachmännisch rasieren zu lassen, fast total in Vergessenheit geraten. Anders in Italien. Hier trifft man sich beim Friseur, um ein Schwätzchen zu halten in der entspannten Atmosphäre einer reinen Männergesellschaft und um sich etwas Gutes zu gönnen. In der **Antica Barbiera Colla** kann man sich noch heute stilvoll rasieren lassen. Das Ambiente dort entspricht eher dem einem britischen Gentlemen's Club als dem eines Friseurs (Via Morone 3, Di–Sa 8.30–12.30, 14.30–19 Uhr).

Casa degli Omenoni

te. Auch wenn der zurückhaltende Außenbau nicht viel verspricht: Es lohnt sich, einen Blick in ihren Innenraum zu werfen! Denn die

Echt gut!

Sakristei mit ihren kunstvoll geschnitzten Schränken gilt als die schönste von Mailand.

An der Apsis der Kirche nimmt die Via Omenoni ihren Ausgang, benannt nach den acht traurig blickenden Atlanten, die die Fassade der **Casa degli Omenoni** schmücken und die das Volk als *omenoni* (große Leute) bezeichnete. Der bedeutende Bildhauer Leone Leoni hatte den Stadtpalast 1573 selbst entworfen und dabei seinen Kunstsinn wirkungsvoll in Szene gesetzt.

Palazzo Belgioioso

Geht man auf der kleinen Straße, die zur Kirche San Fedele führt, weiter, so gelangt man zur Piazza Belgioioso. Mit seinen gewaltigen Ausmaßen von 25 Achsen schiebt sich der Palazzo Belgioioso hier in den Vordergrund. Der Baumeister der Scala, Giuseppe Piermarini, hatte ihn 1772–1781 für den Mailänder Staatsrat Alberico Belgioioso-d'Este erbaut. Belgioioso war in den Fürstenstand erhoben worden und brauchte nun einen neuen, repräsentativen Palast in der Stadt. Doch meinten viele, dass er mit seinem residenzähnlichen Bau etwas übertrieben habe, zumal auch noch im Innern alle Räume kostbar mit Fresken ausgestattet worden waren.

Restaurant

Im Palazzo Belgioioso befindet sich Mailands ältestes Restaurant, das Ristorante Boeucc. Es besteht, wenn auch nicht an gleicher Stelle, seit 1696 und hat sich seit jeher der lombardischen Küche verschrieben. Besonders beliebt ist das Boeucc bei den Musikern der nahen Scala.
(Tel. 02 76 02 02 24, Sa ganztätig, So mittags geschl.)

Casa di Alessandro Manzoni 4

Das schräg gegenüberliegende Manzoni-Haus wirkt im Vergleich zum protzigen Palazzo Belgioioso geradezu bescheiden mit seiner

verhaltenen Eleganz. Manzoni, der als bedeutendster italienischer Romancier seiner Zeit gilt › 95, lebte von 1814 bis zu seinem Tode am 22. Mai 1873 hier in der Via Morone 1. Heute ist in seinem Wohnhaus ein Museum untergebracht. Es dokumentiert das Leben und Werk des Dichters.

Im ersten Stock kann man sich in die Veröffentlichungen des Centro Nazionale di Studi Manzoniani vertiefen. Dort ist auch das Sterbezimmer Manzonis, das seit seinem Tod nicht verändert wurde (Di–Fr 9–12 und 14–16 Uhr; Tel. 02 86 46 04 03, www.casadelmanzoni.mi.it).

Karte
Seite 91

Museo Poldi-Pezzoli: Das schönste Museum Mailands

*Museo Poldi-Pezzoli 5

Durch die kleine, gewundene Via Morone gelangt man in die elegante Via Manzoni. Im Haus Nr. 12 befindet sich das schönste Museum Mailands, das dem Edelmann Gian Giacomo Poldi-Pezzoli zu verdanken ist. In seinem Stadtpalais hatte er ein Privatmuseum mit Meisterwerken der italienischen Kunst aus der Zeit von 1400 bis 1700 eingerichtet, das er nach seinem Tod 1879 den Mailändern vermachte.

Kostbare Privatsammlungen wie die der Poldi-Pezzoli waren im Mailand des 19. Jhs. keine Seltenheit. Adelige und reiche Familien verstanden es als Selbstverständlichkeit, Kunst und kostbares Handwerk zu sammeln. Es ist daher besonders aufschlussreich, im Palast der Poldi-Pezzoli einen Blick auf die Wohnkultur des 19. Jhs. zu werfen.

Im Erdgeschoss gilt es neben einer **Waffenkammer** mit Prunkstücken und Speeren den **Freskensaal** und den **Saal der Archäologie** zu besichtigen.

Auftakt zu den Kunstreichtümern im ersten Stock ist ein wunderschönes **oktogonales Treppenhaus**, in dem ein barocker Brunnen romantisch vor sich hin plätschert. Jeder Raum im Palast der Poldi-Pezzoli wurde in einem anderen historisierenden Stil dekoriert und möbliert – ein Kunstpalast, in dem Raum und Exponate eine vollendete Harmonie eingehen.

Besonders umfangreich ist die Kollektion der **lombardischen Malerei** mit Werken von Andrea

Solario, Vincenzo Foppa, Bernardino Luini und Giovanni Antonio Boltraffio.

Höhepunkte der Sammlung Poldi-Pezzoli sind Bilder von Lucas Cranach d. Ä., Werke von Botticelli, Giovanni Bellini, Andrea Mantegna, Piero della Francesca und Francesco Guardi sowie die bezaubernde »Junge Dame« von Pollaiolo.

Bedeutend ist auch die Uhrensammlung mit Exponaten aus dem 16. bis 19. Jh. Wer hätte zum Beispiel gedacht, dass einer Mailänder Dame die Stunde auch mal aus einem goldenen holländischen Holzschuh schlagen könnte? Neben Goldschmiedearbeiten, Meissner Porzellan und kostbaren Kompassen belegen auch filigrane Muranogläser den luxuriösen Lebensstil, der im Hause Poldi-Pezzoli herrschte (Di–So 10–18 Uhr, Tel. 02 79 63 34, www.museopoldipezzoli.it).

Shopping

Armani

Via Manzoni 31

Giorgio Armani hat in der Via Manzoni seinen ersten Megastore eröffnet. Neben Kleidung kann man hier auch Einrichtungsobjekte, Süßigkeiten und Bücher kaufen, alles mit dem Firmenlabel, dem Adler.

Via Montenapoleone 6

Folgt man der Via Manzoni in Richtung Piazza Cavour, stößt man etwa auf halber Höhe auf die Via Montenapoleone, die Hauptstraße des »Goldenen Vierecks«.

Die schönsten Cafés

Echt gut!

- Der Klassiker schlechthin ist das **Zucca** in der Galleria Vittorio Emanuele mit seiner Art-Deco-Ausstattung **(Goldenes Viereck).** › S. 86
- Seit fast 200 Jahren ist das **Cova** eine der ersten Adressen der Stadt, wenn man bei erstklassigem Naschwerk und einem Espresso den Stress des Alltags abschütteln will **(Goldenes Viereck, V. Montenapoleone 8).** › S. 97
- Das **Sant'Ambroeus** ist Treffpunkt der *milanesi* **(Goldenes Viereck, Corso Matteotti).**
- In den Räumen der **Pasticceria Marchesi** fühlt man sich um 100 Jahre zurückversetzt **(Goldenes Viereck, V. Santa Maria alla Porta 11).**
- Im **Biffi** werden in sehr schönen Räumen die köstlichsten Schokoladentrüffel Mailands serviert **(Magenta, Corso Magenta 87).**
- In der Nähe der Piazza S. Babila ist das **Bastianello** der Anlaufpunkt für alle, die bei einem schönen Espresso oder Cappuccino ein gutes Stück Kuchen lieben **(Goldenes Viereck, V. Borgogna 5).**
- Im Gastronomietempel **Peck** kann man auch Kaffee trinken. Das Lokal wurde vom *Corriere della Sera* zum besten Café Mailands gekürt. Im Erdgeschoß lockt ein riesiges Feinkostgeschäft **(Altstadt, V. Spadari).** › S. 73
- An der gleichnamigen Piazza liegt das **Caffè Mercanti,** einer der Hauptanziehungspunkte für alle, die in schöner Atmosphäre einen Kaffee genießen möchten **(Altstadt, Piazza Mercanti).** › S. 74

Hier begegnet man allen namhaften Stylisten und Modemachern, von Ferré, Coveri, Ungaro, Krizia, Mila Schön, Lorenzi und Beltrami über Trussardi bis zu Versace und Armani. Zu einem Schaufensterbummel laden die *borghi*, die kleinen Gassen Mailands, allemal ein, haben sich die Modedependancen doch längst in wahre Luxustempel verwandelt, die mit dem jeweiligen Nachbarn an Prunk und Pracht wetteifern.

Auch das Publikum entspricht der Umgebung: Nirgends kann man so viele Nobelkarossen sehen wie hier, nirgends sind so hinreißend schöne und gut gekleidete Frauen beim Shopping zu beobachten. Und wer Glück hat, der entdeckt sogar einen Star, der sich hier neu einkleidet.

In den 1970er-Jahren entdeckten die Designer der boomenden Modeindustrie die »Montenapo«, wie sie von den Einheimischen genannt wird, als idealen Ort für ihre Luxusboutiquen. Das Flair der Straße mit ihren klassizistischen Palästen zog immer mehr Stylisten an, die sich in der Folge auch in der Via S. Andrea und der Via Spiga niederließen. Der immer größere Bedarf an Ladenflächen und die damit steigenden Mieten ließen aus dem ehemals großbürgerlichen Wohnviertel ein Mode- und Luxusghetto werden, viele alteingesessene Geschäfte verschwanden.

Und wie die Mode sich immer selbst neu erfinden muss, so herrscht auch in diesem Viertel ein reger Wechsel. Einerseits öffnen und schließen kleinere Boutiquen in den Nebenstraßen in einem atemberaubenden Tempo, anderseits gestalten die arrivierten Modehäuser ihre Dependancen regelmäßig nach den neuesten Trends um.

Interessante Läden gibt es daher viele im Goldenen Viereck. Keiner ist aber wie **Viktor & Rolf. Die Einrichtung ist streng klassizistisch, steht aber auf dem Kopf.** Wundern sie sich also nicht über die Stühle an der Decke – das hat alles seine Richtigkeit (Via San Andrea 14, www.viktor-rolf.com).

Wer in der Straße einen Monte, also einen Berg oder auch nur eine Erhebung erwartet, der sieht sich getäuscht. Der Name rührt von dem hier ansässigen öffentlichen Leihhaus, dem Monte di Pietà her. Während der französi-

Saldi Fine Stagione

Wer dem Goldenen Viereck Ende Januar oder Juli einen Besuch abstattet, kann Zeuge des Rituals der Saisonschlussverkäufe werden. Am ersten Tag bilden sich bereits am Morgen lange Schlangen vor den Nobelboutiquen. Wenn sich dann die Türen öffnen, kann man dann tumultartige Szenen erleben: die sonst so auf fare bella figura bedachte Mailänderin drängelt sich ohne Rücksicht auf Verluste in den Laden und nicht selten geschieht es, dass das Personal zwei Damen im Streit um das Gewünschte gewaltsam trennen muss.

schen Besetzung wurde dann die Straße kurz vor 1800 zu Ehren des späteren Kaisers in »Monte Napoleone« umbenannt.

Restaurants

■ **Salumeria**

Via Montenapoleone 12
Tel. 02 76 00 11 23
Mo–Sa 12–18.30 Uhr

In der Salumeria werden die besten Salamis Mailands verkauft. Im Innenhof des angeschlossenen Restaurants treffen sich gerne die Größen der Modeszene zum Lunch, der natürlich hauptsächlich aus Wurst besteht.

■ **Caffè Cova**

Via Montenapoleone 8
Tel. 02 76 00 05 78
So und abends geschl.

Das Caffè Cova ist seit 1819 bekannt für seine ausgezeichneten Backwaren. Viele Gäste lassen aber auch bei einem Glas Prosecco der Hausmarke ihren erfolgreichen Einkaufsbummel in den stilvollen Räumlichkeiten angenehm ausklingen.

■ **Bottigliera da Pino**

Via Cerva 14
Tel. 02 76 00 05 32

Die Bottigliera da Pino liegt zwar etwas etwa 10 Min. zu Fuß von der Via Montenapoleone südl. des Corso Europa, doch der Weg lohnt sich wegen desr Speisen und der vergleichweise günstigen Preise. Serviert werden herzhafte Kuchen, *crostate*, gefüllte Kürbisblüten und lombardischen Schmorbraten zum Rotwein. ●●

Museo Bagatti Valsecchi 7

Ein Palazzo des 19. Jahrhunderts, der mit seiner Sammlung der Öffentlichkeit zugänglich ist, ist das Museo Bagatti Valsecchi. Mitten im Quadrilatero kann man dort einen Blick in eine untergegange-

Alessandro Manzoni – ein Nationalheld der Literatur

Als »Trost für die Menschheit« bezeichnete Giuseppe Verdi den berühmten Roman Alessandro Manzonis (1785–1873) *I promessi sposi* (Die Verlobten), in dem das 17. Jh. mit seinen politischen Ereignissen und gesellschaftlichen Strukturen wieder lebendig wird.

Eine Kette von Intrigen, Schicksalsschlägen und Gewalt durchkreuzt die Hochzeitspläne von Lucia und Renzo, die am Ende des Werkes aber dennoch zusammenfinden. Nirgendwo ist das Italien des Seicento und das Mailand während der Zeit des Kardinals Federico Borromeo besser dargestellt als in Manzonis Geschichte. Mit seinem Roman schrieb der Dichter nicht nur ein Stück Weltliteratur, sondern begründete auch die moderne italienische Schriftsprache ebenso wie die italienische Prosa. Über zwei Jahrzehnte arbeitete Manzoni an der Geschichte der Verlobten, die den Weg vom literarischen Klassizismus zur Romantik ebnete.

Der Graf, der seine Liebe zur Literatur in den Pariser Salons des beginnenden 19. Jhs. entdeckte, wurde jedoch nicht allein als Begründer der italienischen Romantik gefeiert, sondern auch als Schöpfer des historischen Romans.

ne Welt wagen, als vornehme Mailänder aus ihren Wohnungen Museen machten (Via Santo Spirito 10, Di–So 13–17.45 Uhr, www.museobagattivalsecchi.org).

Shopping

Avant de Dormir
Via Filipo Turati 3
www.avantdedormir.com
Auf dem Weg zur Villa Reale liegt in einer Seitenstraße von der Piazza Cavour das Geschäft des Designerteams Köbi und Marina Wiesendanger. Sie kreieren und verkaufen farbenfrohe, witzig-poetische und skurrile Alltagsgegenstände.

Civico Museo di Milano 8

In exklusiver Lage befindet sich das Civico Museo di Milano. Es liegt an der teuren Einkaufsmeile Via S. Andrea. In dem ehrwürdigen Palazzo Morando Bolognini sind zwei Museen untergebracht:

Das Museum für Zeitgeschichte im Erdgeschoss schlüsselt mit sehenswerten Ausstellungen die politischen und gesellschaftlichen Ereignisse in Italien zwischen 1914 und heute auf.

Die Exponate des Museums von Mailand – darunter vor allem Fotografien, Bilder und Karten – dokumentieren die Mailänder Stadtgeschichte mit all ihren Facetten. Besonders beeindruckend sind die Repräsentationsräume des Palastes, die durch ihre Ausstattung Einblick in die adlige Wohnkultur des 18. Jhs. vermitteln (www.museodimilano.it, Tel. 02 88 46 59 33, Di–So 14–17.30 Uhr, freier Eintritt).

*Villa Reale und Museo dell'Ottocento 9

Wer das Quadrilatero über die Via Manzoni verlässt, der findet an deren Ende die Archi di Porta Nuova, die als Stadttor 1156–1158 gegen Friedrich I. Barbarossa errichtet worden waren. Im Innern der Bogenwände sind noch die Rillen erkennbar, in denen das Fallgitter heruntergelassen wurde. Von der verkehrsreichen Piazza Cavour zweigt die Via Palestro ab. die entlang der links liegenden Giardini Pubblici verläuft. In der Via Palestra befindet sich rechts unter der Hausnummer 14 die Villa Reale, die der Wiener Architekt Leopold Pollack 1780–1796 für den Grafen Belgioioso erbaute. Ihre prachtvolle Seite wendet die Villa dem See in dem herrschaftlichen, englischen Park zu, den Giardini di Villa Reale. Die elf Fensterachsen der Fassade werden von hohen kannelierten Säulen rhythmisch gegliedert.

Heute wird die Villa museal genutzt. Das **Museo dell'Ottocento** dokumentiert mit seiner Sammlung die regionale Malerei bis zum Ausbruch des Ersten Weltkriegs. Eine Stiftung des Bildhauers Marino Marini und die **Sammlung Grassi** mit Werken von Cezanne, Manet und van Gogh sind ebenfalls hier zu finden (Di–So 9–17.30 Uhr, Tel. 02 76 34 08 09).

In dem **Padiglione d'Arte Contemporanea** (PAC), der in den ehemaligen Stallungen der Villa Reale untergebracht ist, finden wechselnde Ausstellungen zu zeit-

Karte Seite 91

Museo Civico di Storia Naturale: Auch Saurier gibt es dort zu sehen

genössischer Kunst statt (www.comune.mi.it/pac).

Giardini Pubblici 10

Die Giardini Pubblici, ein Ende des 18. Jhs. vom klassizistischen Architekten Giuseppe Piermarini angelegter Stadtpark, sind neben dem Parco Sempione die einzige größere Grünfläche der Innenstadt. Mit seinen Hügeln, Teichen, alten Bäumen und exotischen Pflanzen bildet der Park einen beliebten Treffpunkt in der Stadt, wo sich die arbeitende Bevölkerung eine verdiente Pause gönnt.

*Museo Civico di Storia Naturale 11

An der Ecke Via Palestro/Corso Venezia liegt zwischen den beiden Metro-Stationen Palestro und Porta Venezia das Museo Civico di Storia Naturale innerhalb der Giardini Pubblici. Die Abteilungen des Naturgeschichtlichen Museums, darunter Mineralogie, Paläontologie, Evolution, Insektenkunde, Säuger, Vögel, Wirbellose, Reptilien, Fische und Ökologie, sind didaktisch vorbildlich aufgebaut und für jeden Naturfreund ein Erlebnis. 1838 wurde das Museum gegründet, nachdem zwei Mailänder Forscher ihre Sammlungen der Stadt überlassen hatten (Di–So 9–18 Uhr, Tel. 02 88 46 32 80).

Museo del Cinema 12

An der Ostseite der Giardini hat im Palazzo Dugnani aus dem Ende des 16. Jahrhunderts das Museo del Cinema seinen Platz gefunden. Neben einer ständigen Sammlung von Objekten zur Filmgeschichte wie Projektoren gibt es auch einen kleinen Kinosaal, in dem historische Streifen vorgeführt werden (V. Manin 2, Fr–So 15–18 Uhr, www.cinetecamilano.it).

Special

Mekka der Mode

Mamma mia, wie sich das überschlanke Geschöpf da in Szene setzt. Ein Kleid aus changierender Seide mit Blumenmuster, den passenden Seiden-Crêpe-Mantel lässig über die Schultern gehängt. Schönheit pur, geschaffen von Romeo Gigli. Überall in Mailands Schaufenstern fließen edle Stoffe raffiniert über meist weibliche Idealfiguren – Couturiers machen Mode und verkaufen Träume.

Mode ist Mailands strahlender Himmel, seitdem in den 70er-Jahren ein Stern nach dem anderen am Firmament der Alta Moda aufging. Die Kreationen von Armani, Romeo Gigli, Ungaro, Valentino, Dolce & Gabbana, Prada, Moschino, Etro, Versace und Gianfranco Ferré überholten die vergleichsweise langweilig wirkende Mode à la parisienne.

Lässiger Luxus im »Goldenen Viereck«

Das Herz des Luxus bilden die Via Montenapoleone sowie die angrenzenden *borghi*, die Gassen des mittelalterlichen Mailand, in denen minimalistisch gestylte Schaufenster den Blick auf das Übermorgen lenken. Einer Perlenkette gleich reihen sich die Modeimperien in Palazzi des Seicento aneinander und wecken Begehrlichkeiten. Immerhin geht es um nichts Geringeres als ein Lebensgefühl. Und da ist von Preisen selbstverständlich nicht die Rede. Wer gibt sich angesichts eines Outfits von Dolce & Gabbana schon mit solchen Lappalien ab?

Die Trends

Heute reicht es für einen Modemacher nicht mehr allein aus, mit einer gelungenen Pret-a-Porter Kollektion zu punkten. Man verkauft nicht nur Mode, sondern versucht durch besonders gelungenes Shopdesign und weitere Angebote Aufsehen zu erregen. So sind einige der Stylisten unter die Gastronomen gegangen: Roberto Cavalli und Giorgio Armani sind sogar mit mehreren unter ihrem Namen firmierenden Lokalitäten in der Stadt vertreten. Daneben verkauft Armani in seinem Megastore auch Designobjekte (ArmaniCasa, Via Manzoni 31).

Der neueste Trend sind aber Beautyfarmen, die nach der anstrengenden Shopping-Tour passend zur Modemarke Entspannung bieten. Im E'Spa at Gianfranco Ferré (Via Sant'Andrea 15, Tel. 02 76 01 75 26) kann man sich ab ca. 90 € mit einer Massage verwöhnen lassen. Dolce & Gabbana haben auch an den Mann gedacht. Neben der beiden Geschlechtern offenstehenden Beautyfarm (Corso Venezia 15, Tel. 02 76 00 13 48, Behandlungen ab ca. 80 €), gibt es hier einen Herrenfriseur, bei dem Mann dann zum neuen Outfit gleich den neuen Look verpasst bekommt.

Modetermine

Wer die Mailänder Top-Stylisten live erleben will, findet alle öffentlichen Modeschauen und die genauen Termine der Messen unter www.cameramoda.it.

Mode auf dem Markt

Wenn die Designerstücke erst bei den Couturiers und dann auch in

den Outlets › S. 32, den Restposten-Verkäufern, das Verfallsdatum überschreiten, findet man sie auf den Mailänder Märkten wieder. Vor allem der dienstags und samstags stattfindende Markt in der Viale Papiniano und der Via Fauché erweist sich häufig als Fundgrube für einstige Luxusgespinste zu minimalen Preisen.

Die schnelle Kopie

Mailand ist nicht nur die Hauptstadt der Luxusriesen, sondern auch der *prontisti*. Das sind all jene, die auf den Messen ModaMilano und Milano Collezioni Donna sowie bei den Präsentationen in Showrooms die neueste Mode skizzieren oder fotografieren, um sie anschließend so schnell wie möglich als Massenware auf den Markt zu werfen – am besten, bevor das Original im Schaufenster der Designer-Boutique erscheint. Geschwindigkeit bedeutet im Geschäft mit der Mode alles, Urheberrecht hingegen zählt wenig. Eine kaum merkliche Veränderung reicht, damit die Ideenpiraterie der *prontisti* gesetzlich abgesichert ist.

Das Brera-Viertel

Nicht verpassen!

- In den Galerien des Brera-Viertels nach den neuesten Kunsttrends stöbern
- Eine laue Sommernacht auf dem Corso Como verbringen
- Zwischen den Gräbern auf dem Cimitero Monumentale nach bekannten Namen suchen
- Im volkstümlichen Viertel Isola in kleinen Betrieben Handwerkern bei der Arbeit zusehen

Zur Orientierung

Zwischen den mondänen und hektischen Vierteln der Altstadt und des **Quadrilatero** (Goldenen Vierecks) gelegen, geht es rund um den die **Pinacoteca Brera** mit ihrer Kunstsammlung von Weltruf und Mailands schönster Kirche, **San Simpliciano**, fast schon gemächlich zu. Kleine Straßen mit zahlreichen typischen Restaurants und Galerien vermitteln dem Besucher etwas vom Bohème-Charme der Gegend um die Kunstakademie. Auch lässt es ein niedrigeres Mietniveau zu, das junge, aufstrebende Designer hier eher einen Laden eröffnen können als in den teuren Geschäftsstraßen. Wer ungewöhnliche Geschäfte sucht, der wird hier fündig werden. Für Nachtschwärmer ein Tipp ist der **Corso Como**.

Tour durch das Brera-Viertel

Zu Kunst und Kirchen

– 3 – Pinacoteca di Brera › San Simpliciano › Cimitero Monumentale › Corso Como › Stazione Centrale

Dauer: 5–6 Stunden Gehzeit
Praktische Hinweise: Die **Brera** ist von der Haltestelle **Lanza** der Metrolinie Ⓜ2 zu erreichen, die **Stazione Centrale** wird von den Metrolinien Ⓜ 2 und 3 angefahren. Wer sich den Fußweg von **S. Simpliciano** zum **Cimitero** ersparen möchte, der nimmt die Tramlinien 12 oder 14 von der Haltestelle Legnano /Arena in der Via Legnano bis zu Bramante/Monumentale. Auch beim Weg vom Corso Como zur Stazione Centrale kann die Metro Ⓜ2 von Garibaldi FS benutzt werden. Tipp: Jeden dritten Sonntag im Monat findet der Antiquitätenmarkt in der V. die Fiori Chiari statt. Nach den Besichtigungen sollte man am späten Nachmittag wiederkommen, wenn die Läden noch geöffnet sind. Danach bleibt man, um am regen Nachtleben teilzunehmen.

8 ***Pinacoteca di Brera 1

Seinen künstlerischen Ruf verdankt das Viertel der Kunstsammlung im **Palazzo Brera**, die zu den bedeutendsten der Welt zählt. Die

Santa Maria del Carmine

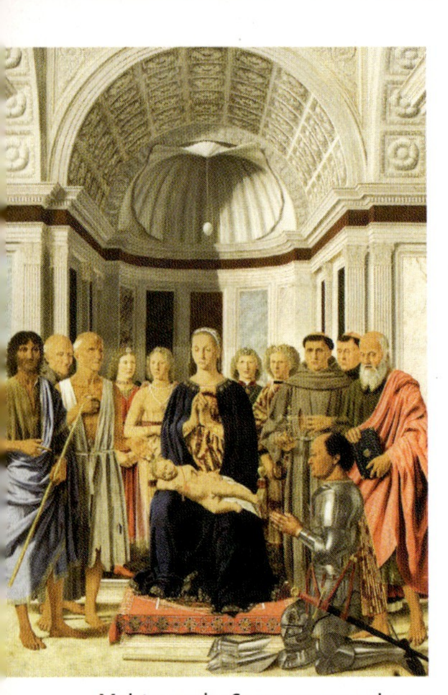

Meisterwerk »Sacra conversazione«

Mailänder haben ihre berühmte Gemäldekollektion der kunstsinnigen Maria Theresia zu verdanken, die 1776 in der lombardischen Hauptstadt eine Akademie der Schönen Künste gründete. Als Sitz hatte sie ein 1651 errichtetes Ordenshaus der Jesuiten ausgewählt. Mailänder Mäzene, darunter die beiden bedeutenden Industriellen Jesi und Jucker, erweiterten im 19. Jh. die Pinakothek mit ihren Stiftungen zeitgenössischer Kunst.

Heute umfasst die Sammlung mehr als 2000 Werke vor allem der italienischen Kunstgeschichte vom 14. bis zum 20. Jh., darunter viele Meisterwerke. Doch beim Besuch der Brera wird einem leider nie das Vergnügen zuteil, einmal alle Säle durchwandeln zu können, da Umbauten oder Personalmangel den Besucher an verschlossenen Räumen vorbei durch das Museum leiten. So kommt es, dass nur ein Bruchteil der Bestände ausgestellt wird. Eine Besonderheit stellt die **Restaurierungswerkstätte** dar. In ihr können Besucher den Restauratoren bei ihrer diffizilen Arbeit durch eine Glaswand über die Schulter blicken.

Die Brera ist ein ungewöhnlich lebendiges Museum. Wenn man durch das hoheitsvolle klassizistische Portal von Piermarini schreitet und in den Innenhof kommt, mag man verwundert sein, junge Künstler mit farbverschmierten Händen zu sehen. Bis heute ist das Museum der Kunstakademie sowie der größten Bibliothek der Stadt, der **Biblioteca Nazionale Braidense**, angeschlossen. Das ehemalige Jesuitenkolleg beherbergt darüber hinaus das lombardische Institut für Naturwissenschaften und Literatur sowie eine Sternwarte. In dem in vollendeter Formharmonie geschlossenen Arkadenhof hat sich eine Statuen- und Büstengesellschaft von Künstlern, Schriftstellern und Gelehrten versammelt, in deren Mitte das bronzene **Standbild von Napoleon** platziert ist, das Antonio Canova 1809 schuf. Die schnöde Nacktheit des großen Eroberers hat im Laufe der Jahre immer wieder Aufsehen erregt.

Vom Arkadenhof führt eine Paradetreppe hinauf zum oberen Säulengang und zum Eingang in die Pinakothek. Die erlesene

Sammlung mit Schwerpunkt auf der lombardischen und venezianischen Malerei birgt eine Fülle von Meisterwerken, von denen hier nur die wichtigsten genannt seien: »Der tote Christus« von Andrea Mantegna, die »Madonna mit Kind, Engeln, Heiligen und Federico da Montefeltro« (Sacra conversazione) von Piero della Francesca, der »Cristo deposto« von Tintoretto, eine Pietà von Gentile Bellini, Raffaels »Vermählung der Jungfrau« und Caravaggios »Abendmahl von Emmaus«. Öffnungszeiten: Di–So 8.30–19.15 Uhr, Tel. 02 72 26 31, www.brera.beniculturali.it.

Restaurant

Caffè Vecchia Brera

Via dell'Orso 20

www.creperiavecchiabrera.it

Auf dem Weg zum nächsten Museum kann man sich im Caffè Vecchia Brera erholen, wo es zum Wein gut 40 süße und salzige Crêpes-Sorten gibt.

Nightlife

Bar Jamaica

Via Brera 32

In der Bar Jamaica schenkt die mittlerweile in die Jahre gekommene Mamma Lina den Künstlern und Studenten immer noch Wein ein.

San Marco 2

An der Seite der Brera geht es durch die Via dei Fiori Oscuri vorbei, um an der ersten Kreuzung links abzubiegen. Die Via Borgonuovo mündet im Norden auf die malerische Piazza San Marco mit der gleichnamigen Kirche San Marco, die dem Platz eine gotisch-lombardische Fassade zuwendet, in der noch das Spitzbogenportal vom Ursprungsbau von 1254 erhalten ist. Über dem Portal thronen in Nischen die Heiligen Ambrosius, Markus und Augustinus und schauen auf die Kirchgänger hinab. Im Innern der Kirche herrscht barocker Prunk vor, darunter mischen sich Fresken aus dem 14. Jh. (tgl. 7.30–12 und 16–19 Uhr).

Shopping

■ **Cotti**

Via Solferino 42

Tel. 02 29 00 10 96

www.enotecacotti.it

Mo–Sa 9.30–13.30, 15.30–19.30 Uhr

Cotti ist eine Institution in Milano: Mehr als 1000 verschiedene Weine führt dieser sympathische Laden, in dem sich seit über 50 Jahren nichts geändert hat.

■ **Mercato di Brera**

Jeden dritten Sonntag im Monat

Auf der engen Via dei Fiori chieri findet der Antiquitätenmarkt unter freiem Himmel statt. Mehr als 70 Stände bieten Altes und Kurioses an.

**San Simpliciano 3

Über die Via Solferino gelangt man zu einer der schönsten Kirchen Mailands. San Simpliciano geht auf das 4. Jh. zurück. Der hl. Ambrosius gründete sie an der Stelle eines altrömischen Friedhofs. Erst unter seinem Nachfolger, Bischof Simpliciano, konnte die Kirche fertiggestellt werden. 398 ließ Simpliciano die Gebeine der drei Märtyrer Sisinnio, Martirio und Alessandro in der Kirche beisetzen.

Als Mailand 1176 gemeinsam mit dem »lombardischen Städtebund« in den Kampf gegen Friedrich I. Barbarossa bei Legnano zog, sollen der Überlieferung nach aus dem Raum, in dem die Gebeine der drei Märtyrer aufbewahrt wurden, drei Tauben zum Himmel aufgestiegen sein. Auf den Fahnenstangen sitzend, sollen sie angeblich die Kommunen in die entscheidende Schlacht begleitet und ihnen zum endgültigen Sieg und damit zu ihrer Unabhängigkeit verholfen haben. Am Tag der damaligen Kampfhandlungen, dem 29. Mai, werden zur Erinnerung an den Sieg noch heute weiße Tauben in den Himmel entlassen.

Der Ursprungsbau San Simplicianos aus dem 4. Jh. ist leider nicht mehr erhalten; Umbauarbeiten vor allem im 12. Jh. verwandelten die Kirche in eine romanische Stufenhalle. Die Portale, darunter auch das Mittelportal mit Kapitellen, deren Darstellungen über die »Klugen und Törichten Jungfrauen« des Matthäus-Evangeliums belehren, sind ein Werk der Neoromanik.

Feierliche Strenge herrscht im Innern der Kirche, in dem das große Apsisfresko der **Marienkrönung** von Il Bergognone alle Blicke auf sich zieht. Etwa um 1515 malte der Künstler in einer für ihn charakteristischen lässigen Kompositionsweise Gottvater, der Christus und die Madonna in die Arme schließt. An die Kirche ist das ehemalige Kloster mit zwei schönen Kreuzgängen angeschlossen.

Luxus und Extravaganz

Schaufenster sind im Brera-Viertel längst zur Bühne geworden für den Auftritt von Mysterien – an der Vitrinenauslage kann man jedenfalls nicht mehr erahnen, was man im Innern des Ladens erstehen kann. Die Schaufensterdesigner spinnen den Mythos vom schönen Schein mit verwegenen Einfällen nur weiter. Vor Blütenwänden posieren halb gefüllte gelbe Gläser hier, dort Berge von Filzstiftgekritzel auf Notizzetteln oder Packpapierrollen mit den Initialen des Couturiers. Luxus ist eben leise, betreibt eher Understatement. Preise sind keine zu sehen, aber wer hierher kommt, um sich einzukleiden, kümmert sich darum ohnehin nicht.

Largo la Foppa 4

Volkstümlich gibt sich das Viertel um den Largo la Foppa, in dem noch das alte Mailand überlebt hat. Carlo Emilio Gadda hat es in seinem Essay über den »Corso Garibaldi« festgehalten: »Und der Corso Garibaldi war dort in der Nähe (…). Tabakläden mit Tränke, Wirte, Weinhändler, Fleckenreiniger, Erste-Hilfe-Stationen, Keks-Konditoreien, Milch- und Eisverkäufer, Friseure in weißem Elfenbein (…) und dann Schuhhändler aus dem Süden, Verkäufer himmelblauer Hosenträger

Karte Seite 105

(…). Jener liebgewonnene Name (…) war verbunden mit den allerschäbigsten Hütten, die den Stadtsanierungsplänen Schwierigkeiten bereiten und bei den Volkskundlern die schillerndsten Begehrlichkeiten erweckten.«

Santa Maria Incoronata

Die Kirche Santa Maria Incoronata am Corso Garibaldi setzt sich aus zwei unterschiedlichen Kirchen zusammen. Sie wurden im 15. Jh. hinter einer Fassade vereint. Francesco Sforza und seine Frau Bianca Maria Visconti waren die Auftraggeber der Grabeskirche, in der Persönlichkeiten vom Hofe ihre letzte Ruhestätte fanden.

Via S. Marco

Die Via S. Marco ist eine der romantischsten Ecken Mailands. Hier hat sich kurz vor der großen Ringstraße noch ein letzter Rest eines der für die mittelalterliche Wirtschaft so wichtigen *navigli*, Kanäle, erhalten zusammen mit einer alten Schleusenanlage.

Auf dem Cimitero Monumentale

9 **Cimitero Monumentale 5

Am Ende des Corso Garibaldi trifft man auf die im 19. Jahrhundert auf dem Areal der alten Bastionen errichtete Ringstraße. Wer links der verkehrsreichen Viale Crispi folgt und an deren Ende rechts in die Via Cereso einbiegt, sieht schon von weitem das Eingangstor des Cimitero Monumentale. Gegen die Vergänglichkeit haben sich die Mailänder hier wahre Grabestempel errichten lassen, die vor allem ihren Reichtum weit über den Tod hinaus demonstrieren sollten. Wenn der Mensch auch zu Staub verfällt, ewig bleibt auf dem Cimitero Monumentale seine marmorne Nekropole, die zu Stein gewordene prunksüchtige Erinnerung. Auf 200 000 m² dehnt sich hier ein einmaliger Skulpturenpark aus. Engel, Musen, Heilige, ätherische Frauengestalten und Greise bevölkern den Friedhof und verwandeln ihn in eine Art Freilichtmuseum der lombardischen Bildhauerkunst. Die besten Künstler wurden angeheuert, um das Werk für die Ewigkeit zu schaffen. Dabei war es Brauch, das Grabmonument noch zu Lebzeiten zu bestellen und die glühhenden Lobeshymnen auf dem Grabstein selbst zu verfassen. Natürlich fiel der Blick auch immer auf die Nachbargrabmäler, die man in ihrer Pracht noch zu übertrumpfen versuchte.

1866 wurde der Friedhof für das lombardische Bürgertum angelegt, dem einfachen Volk waren die Tore zu diesem marmornen Himmel von Anfang an verschlossen. Wie hätte sich denn auch ein einfaches, blumengeschmücktes Grab neben dem marmornen Baldachin über der Gruft der Familie **Bocconi** ausgemacht, der mit seiner Höhe von 20 m dem Himmel ja so viel näher ist als der Erde? Die bekannten Stoffhändler lehrten an der von ihnen um 1900 gegründeten Wirtschaftshochschule Bocconi und gründeten das Kaufhaus Rinascente am Dom. Die **Motta** wählten als letzte Ruhestätte einen Granitzylinder, der an ihren berühmtesten Mailänder Kuchen, den Panettone, erinnert.

Bei den **Campari** liegt fast ein wenig Vermessenheit in ihrer Selbstdarstellung, wenn ein bronzener Jesus mit seinen 12 Jüngern

Karte Seite 105

über ihrem Grab zum Abendmahl zusammenkommt. Ca. 100 Marmorskulpturen auf einem zwölf Meter hohen Spiralturm befand der kunstsinnige Baumwollfabrikant **Antonio Bernocchi** als Grabesschmuck für angemessen. Mancher sah sich in der Ewigkeit in einem griechischen Tempel, wieder andere bevorzugten den monumentalen Stil, sei es in historisierender, sei es in faschistischer Ausprägung. Berühmten Bürgern Mailands ist der sogenannte Ruhmestempel, der **Famedio**, gewidmet, in dem u. a. die Dichter Alessandro Manzoni, Salvatore Quasimodo und Carlo Cattaneo ihre letzte Ruhestätte gefunden haben (Di–So 8–18 Uhr, www.monumentale.it).

Die Frauen mit den kleinen Blumensträußchen, die man eiligen Schrittes über den Cimitero Monumentale gehen sieht, zieht es zu dem bescheidensten Grab des Friedhofs ganz hinten an der Mauer. Es ist ein schlichtes Erdgrab, in dem **Giuseppe Gervasi** seine letzte Ruhe gefunden hat. Der volksnahe Vorstadtpriester hatte allerlei unkonventionelle Heilmethoden angewandt, um seinen Gemeindemitgliedern bei Problemen aller Art zu helfen. Der Bischof hielt ein scharfes Auge auf ihn, waren die Grenzen zwischen göttlicher Kraft und teuflischem Werk nach Ansicht der Kirche im Tun Gervasis doch oft fließend. Schließlich wurde er seines Amtes enthoben, zu groß war der Ansturm Hilfe suchender Menschen geworden.

10 Corso Como 6

Einer der Topptipps für Nachtschwärmer ist der Corso Como. Vom Friedhof ist er schnell über die V. Quadrio am Bahnhof Porta Garibaldi vorbei zu erreichen. Die für den Verkehr gesperrte Straße hat sich in den letzten Jahren zu einer In-Adresse entwickelt. In den Läden links und rechts der Straße, die an der klassizistischen Porta Garibaldi endet, siedelte sich eine bunte Mischung aus Gastronomie, Bars und Designshops an. Besonders während lauer Sommernächte

Interessante Vielfalt

Im gesamten Brera-Viertel ist mitunter noch das künstlerische Flair von einst zu spüren. Das Mailand der kleinen Leute hat hier ein Stück weit hinter den repräsentativen Straßenzügen überlebt. Hier schlurft noch eine gebückte Alte in den *alimentari*-Laden um die Ecke, und hier ist auch noch der legendäre Geist der 1960er-Jahre zu spüren, als viele Künstler ihre Ateliers in dem Viertel einrichteten und für revolutionäre Unruhe nicht nur in der Kunst sorgten. Leider dauert es meist nicht lange, bis sich auch geschäftstüchtige Unternehmer für solche Viertel interessieren, fällt doch vom künstlerischen Ruhm immer etwas ab für profane Geschäftemacherei. Ende der 1980er-Jahre schnellten die Mieten derart in die Höhe, dass viele alte und finanzschwache Leute ihre Wohnungen hier aufgeben mussten.

Das Pirelli-Hochhaus

tobt hier das Leben auf der Straße, wo man bis spät in die Nacht noch draußen etwas essen kann.

Restaurant

Princi

Piazza XXV Aprile 5

www.princi.it

tgl. bis 24 Uhr

Eine Bäckerei, in der es neben fantastischen Pizzen auch noch eine Einrichtung gibt, die der Designer Claudio Silvestrin gestaltet hat, so etwas gibt es nur bei Princi.

Nightlife

Hollywood

Corso Como 15

www.discotecahollywood.it

Wenn die Fußballspieler von Milan und Inter etwas zu feiern haben, dann gehen sie in diese Disco.

Shopping

Concept Store

Corso Como 10

Was morgen in sein wird, kann man schon heute im Concept Store erstehen: trendy Bildbände und Bücher, japanische Comics, ausgefallene Wohnaccessoires, Schmuck-Design, Düfte und Mode der großen Stilisten. Nach dem Einkauf kann man die neuesten Trends bei einem Drink in dem verwunschenen Café auf sich wirken lassen.

CARGO

Via Meucci 39

Wer Möbel sucht, der ist bei der Trendadresse CARGO (Nähe Bahnhof Porta Garibaldi) richtig. In dem riesigen Laden findet man eine überwältigende Auswahl an klassischen und ausgefallenen Stücken – von No-Name-Produkten bis hin zu Markenware.

Stazione Centrale und *Pirelli-Hochhaus 7

Um vom Corso Como zum Hauptbahnhof zu kommen, nimmt man am besten die U-Bahn Ⓜ 2. Der Hauptbahnhof ist mit ihrer gewaltigen Größe ein typisches Beispiel für die Gigantomanie öffentlicher Bauten in der ersten Hälfte des 20. Jhs. Begonnen bereits 1912, wurde sie erst 1931 unter Mussolini fertiggestellt. Mit seiner Mischung aus Spätjugendstil und faschistischen Skulpturen wirkt der Bahnhof wenig einladend und äußerst protzig.

Im Gegensatz dazu ist der **Grattacielo Pirelli** (Pirelli-Wolkenkratzer) mit seinen eleganten, gradlinigen Formen ein Meisterwerk der Nachkriegsarchitektur.

Karte Seite 105

Das 1955 bis 1960 von Gio Ponte errichtete Hochhaus war das erste Gebäude Mailands, das mit seinen 127 Metern Höhe die Kathedrale überragte. Heute dient es der Region Lombardei als Verwaltungsgebäude und stand 2002 im Mittelpunkt des Weltinteresses, als ein Kleinflugzeug in den Turm hinein flog.

Isola 8

Das Gebiet zwischen den Bahnhöfen Porta Garibaldi und Centrale, die so genannte **Isola**, ist der letzte Rest kleinbürgerlicher Wohnkultur, der sich in Mailand erhalten hat. Auch der berühmteste Sohn der Gegend, Adriano Celentano, setzte ihr mit seinem Lied *Il ragazzo della Via Gluck* ein Denkmal. Doch auch dieser Hort kleiner Handwerker und Läden, der zum gemütlichen Schlendern einlädt, ist durch Wohnungsspekulation bedroht. Denn direkt vor der Stazione Garibaldi entstehen großflächig neue Bürohäuser. Es ist zu befürchten, dass auch die Isola bald durch Luxussanierung ihren Charakter als Gegend des kleinen Mannes verlieren wird.

Die volkstümliche Seele Mailands

Man trifft sie nur noch selten, den Mann in staubiger Tischlerschürze oder die Hausfrau im Kittel, die noch schnell etwas Brot bei der Nachbarin ausleiht. Die Milanesi kennt man vor allem in dezenten Kostümen oder eleganten Anzügen, wenn sie in der Mittagspause zielstrebig durch die Straßenzüge eilen, vorbei an Verwaltungshochhäusern. Wo aber ist das Brauchtum der Stadt geblieben, wo hat das alte Mailand mit seinen Osterien, seinen Handwerkern, seiner Sprache, seinem Alltag überlebt inmitten all der Geschäftigkeit? Nur wenige gewachsene Viertel in der Innenstadt konnten den Grundstücksspekulationen trotzen, überlebten die besonders in Mailand vielfach praktizierten Methoden der Umwandlung von Wohnraum in Büroraum und der Luxussanierung, die einen Großteil der Mailänder in die Anonymität der Schlafstädte am Stadtrand trieb. Einer der wenigen Mailänder Stadtteile, in denen die volkstümliche *milanesità* überlebt hat, ist die **Isola**, die Insel zwischen dem Hauptbahnhof und dem Cimitero Monumentale. Über den Balkon werden hier die neuesten Nachrichten ausgetauscht, man kennt sich, und man wehrt sich gemeinsam gegen die Profitgier der Hausbesitzer. Für ihren Oppositionsgeist waren die »Insulaner« schon immer bekannt, 1889 begannen hier die Unruhen wegen erhöhter Brotpreise im Besonderen und der Monarchie im Allgemeinen. Hier wurde die erste Sektion der Sozialistischen Partei in Mailand gegründet, hier kamen die Widerstandskämpfer gegen den Faschismus zusammen, und hier wurden in der Nachkriegszeit die meisten zum Abbruch bestimmten Häuser besetzt. Revolutionärer Geist liegt in der Inselluft, und es bleibt zu hoffen, dass dies in dem Meer von Hochhäusern und Verwaltungszentren noch lange so bleibt.

Magenta und San Ambrogio

Nicht verpassen!

- Auf dem Abendmahl von Leonardo den Verräter Judas suchen
- Einen Gottesdienst am Goldenen Altar von Sant'Ambrogio erleben
- In einem der Studentenrestaurants um Sant'Ambrogio eine Pizza essen

Zur Orientierung

Die Gegend vom Corso Magenta bis zum Parco delle Basiliche ist hauptsächlich Wohngegend. Einzig am Corso della Porta Ticinese beginnen sich langsam auch die Modedesigner mit ihren Läden niederzulassen und verdrängen die dort heimischen, alternativ angehauchten Geschäfte. Aber gerade die Mietshäuser um S. Maria delle Grazie herum offenbaren hinter strengen Fassaden im Inneren kleine Höfe und Gärten, die verständlich machen, warum hier eine der beliebtesten Wohngegenden Mailands ist. Für den Besucher gibt es andere Highlights: das **Abendmahl von Leonardo da Vinci**, **Sant'Ambrogio** und **San Lorenzo Maggiore**.

Tour durch Magenta und S. Abrogio

Auf den Spuren der ältesten Mailänder Kirchen

– 4 – ***S. Maria delle Grazie › *Museo Nazionale della Scienza › ** S. Ambrogio › **S. Lorenzo › *S. Eustorgio › Porta Ticinese

Dauer: 4–5 Stunden
Praktische Hinweise: Um zu S. Maria delle Grazie zu kommen, kann man entweder mit der Metro bis Cadorna fahren und geht von dort zu Fuß die 500 m bis zur Kirche. Bequemer ist die Tram Nr. 16, die direkt vor der Kirche hält. Am Endpunkt, der Kirche S. Eustorgio, hält die Straßenbahn 3, die zum Dom zurückfährt. Den Besuch von Leonardos Abendmahl sollte man mindestens 14 Tage im voraus bestellen. Beste Zeit für den Besuch: früher Morgen. Das Viertel ist Wohngegend, ein Besuch am Sonntag ist daher etwas trist.

Capella Portinari in der Basilica Sant' Eustorgio

**Santa Maria delle Grazie 1

Ein Höhepunkt jedes Mailandbesuchs ist die Kirche S. Maria delle Grazie. Der grandiose, in seiner harmonischen Raumwirkung unübertroffene Bau hätte eine großzügigere Umgebung verdient, in der er sich in voller Entfaltung zeigen könnte. Leider nimmt die Straße der Kirche die Wirkung, die sie verdient hätte.

Santa Maria delle Grazie: Hier befindet sich Leonardos Abendmahl

Guiniforte Solari, einer der bedeutendsten Baumeister des Quattrocento, bekam 1463 von den Dominikanern den Auftrag für die Klosterkirche. Ludovico il Moro hatte die Kirche zur Grablege seiner Dynastie erkoren und ließ den Chor sowie die Apsis 1490 wieder abreißen, da sie nicht seinen Vorstellungen entsprachen. Er beauftragte 1492 Donato Bramante mit dem Entwurf eines neuen Ostbaus. Der Baumeister hatte sich mit Bauten, die einer ganz neuen einfachen Klarheit nachkamen, einen Namen gemacht. Neueren Forschungen zufolge geht man davon aus, dass Bramante lediglich die Idee für den mächtigen Ostbau lieferte, während Mailänder Baumeister nach seinem Weggang aus der Stadt die Fassade in lombardischer Manier kleinteilig gliederten und mit Pflanzenornamenten und Bildnismedaillons schmückten. Wer auch immer den Ostbau ausführte – er wirkte beispielgebend auf viele andere überkuppelte Zentralbauten in Oberitalien.

Der Hauptraum

Der Klarheit des Außenbaus entspricht der lichterfüllte Innenraum, den man durch ein prachtvolles Marmorportal betritt. Durch die hohen Fenster, die die Fassade und die Flanken rhythmisch gliedern, wird der Raum hell erleuchtet. Dadurch wirkt er noch weiträumiger, als er ohnehin schon ist. Der Gleichklang aller Formen schafft **eine überwältigende Stimmung der Klarheit**, der man sich nur schwer entziehen kann. Von Bramante stammen auch die Entwürfe der Sgraffito- und Freskomalerei. Von der Kuppel blicken Heilige des Dominikanerordens, und im Sgraffitodekor des Chors haben sich Evangelisten und Kirchenväter auf Reliefmedaillons versammelt. Die Seitenschiffkapellen dagegen wurden größtenteils im 16. Jh. gestaltet. Unter ihnen ragt vor allem die vierte Kapelle des nördlichen Seitenschiffs hervor. Sie wurde von Gaudenzio Ferrari, dem bedeutendsten Renaissancemaler des Piemont, ausgemalt. Die Passionsfresken aus dem Jahre 1540 sind durchdrungen von einer für Ferrari typischen Menschlichkeit, mit der er, geschult an Leonardo da Vinci und Raffael, seine Figuren beseelt.

Cappella della Madonna delle Grazie und Kleiner Kreuzgang

Das Altarbild »Gnadenmadonna mit der Familie Vimercati« (15. Jh.), das als wundertätig verehrt wird, schmückt die **Cappella della Madonna delle Grazie**. Nordöstlich des Chors schließt sich der **Kleine Kreuzgang** an, der in seiner formvollendeten Schlichtheit Bramante zugeschrieben wird. Vom Kleinen Kreuzgang aus erschließt sich besonders eindrucksvoll die Genialität des Baumeisters, wenn der Blick auf die Pracht des Ostbaus und die kleine alte Sakristei fällt, die Bramante so harmonisch in die Anlage des Kreuzgangs integrierte. Erst 1984 entdeckte man auch hier einen feinen Sgraffitodekor.

11 ***Letztes Abendmahl

Der **Große Kreuzgang** von Solari wurde während eines Bombenangriffes 1943 vollständig zerstört, aber originalgetreu wieder aufgebaut. Auch das Refektorium verwandelte die Bombennacht vom 15. zum 16. August 1943 in einen Schutthaufen, und es grenzt wohl an ein Wunder, dass die Wand mit dem »Abendmahl« Leonardo da Vincis standhielt. Vorsorglich hatte man sie allerdings mit schweren Sandsäcken abgestützt, sonst wäre wohl das Meisterwerk für immer verloren gegangen.

Leonardos Gemälde war jedoch schon seit seiner Entstehung 1497 vom Verfall bedroht. Böse Zungen sprechen von einer hochrestaurierten Ruine, denn bereits Vasari konnte bei seinem Besuch in Mailand 1566 nur mehr unidentifizierbare Farbflecken erkennen, die von einem weißen Schleier überzogen waren. Leonardos große Experimentierfreudigkeit ließ ihn nicht die übliche Freskotechnik anwenden, sondern die ungewöhnliche Technik der Ölmalerei auf Putz, wofür es keine Erfahrungswerte gab. Diese Technik schien es Leonardo besser zu ermöglichen, der künstlerischen und thematischen Ausdeutung des Themas gerecht zu werden: Den zwölf Jüngern, die sich in Dreiergruppen um Jesus scharen, gewann er ein Maximum an innerer und äußerer Bewegtheit ab, die er wiederum in eine vollendete Ordnung und Symmetrie einfließen ließ.

Wiederholt verkündete Leonardo seinen Grundsatz, dass der Maler den Geist eines Menschen nicht durch die Gesichter, sondern durch Haltung und Bewegung auszudrücken habe. Fragen der Haltbarkeit standen da ganz offenbar beim »Letzten Abendmahl« eher im Hintergrund. Vor allem die Feuchtigkeit setzte dem Meisterwerk arg zu, und schon im 16. Jh. waren sichernde Maßnahmen nötig. Von 1980 bis Mitte 1999 hat man nun mittels aufwendiger und nicht ganz unumstrittener Restaurierungsarbeiten den Originalzustand so gut wie möglich wieder hergestellt.

Auf etwa 70 Prozent der ursprüngliche Substanz wird das 9 mal 4,5 Meter große Gemälde geschätzt, das sich über die Rückwand des ehemaligen Refektoriums zieht, gleichsam als reale Erweiterung des Raumes. Daher entspricht die Lichtführung des Bildes den natürlichen Lichtverhältnissen im Refektorium. Doch aufgrund der unterschiedlichen Höhe des Augenpunktes von Bild und Betrachter sowie durch das monumentale Figurenformat wird sofort Distanz geboten. Leonardo kam es bei seiner Darstellung auf das dramatische Moment des Abendmahls an, auf jenen Augenblick, in dem der in sich ruhende Christus, in dessen Gestalt sich alle Fluchtlinien des Bildes treffen, verkündet, dass ihn einer der anwesenden Apostel verraten werde. In Abwandlung von Vorstudien, die gemäß der Bildtradition Judas vor dem Tisch

Leonardo da Vinci

»Der Papst ist mein Hauskaplan, Venedig mein Schatzmeister, der König von Frankreich mein Kurier«, hatte einmal **Ludovico Sforza**, einer der schillerndsten Herrscher der Renaissance, in vollem Bewusstsein seiner Machtfülle geprahlt. Unter der Herrschaft des Fürsten, der wegen seiner dunklen Hautfarbe *Il Moro* genannt wurde, entwickelte sich Mailand zu einer der bedeutendsten und reichsten Städte Italiens. Die besten Künstler der Zeit kamen an seinen Hof, darunter **Leonardo da Vinci**, der 1482 seinem Ruf gefolgt war. Mailand war auf der Höhe seiner Zeit, denn Ludovico Sforza hatte Großes zum Ruhme der Stadt und seines Geschlechts im Sinn. Gebildet, kunstbeflissen und prachtliebend, verwandelte er Mailand in eine Stadt der Musen. Die größte Zierde für Mailand war Leonardo da Vinci, der 1452 in Vinci bei Empoli geborene Künstler, der in allen Bereichen größtes Talent zeigte. Neben malerischen Problemen beschäftigten den Künstler auch bildhauerische und architektonische Aufgaben. Zudem war er Leiter zahlreicher höfischer Feste, beteiligte sich am mondänen Leben des Kreises um Cecilia Gallerani, der Geliebten Ludovicos, er verfasste galante Bilderrätsel und lehrte die lombardischen Mathematiker und Ingenieure die neuesten Erfindungen der Florentiner Renaissance. Trotzdem fand er noch die Zeit, seiner Lehre eine theoretische Grundlage durch Schriften zur Mechanik, zur Perspektive und zur Anatomie zu geben. Doch die Krönung allen lehrbaren Wissens, so Leonardo, sei das künstlerische Werk – sein »Abendmahl«-Gemälde stellt dies außer Zweifel. Leonardos Streben nach Kompositionen mit maßvollen ruhigen geometrischen Grundformen, etwa des gleichseitigen Dreiecks, bereitete den Stil der Hochrenaissance vor. Leonardo war ein Meister der Raumkonstruktion, in die auch seine Erkenntnisse flossen, die er in seiner Funktion als Wissenschaftler gemacht hatte.

Museo della Scienza: Studie

zeigen, wird der Verräter jetzt der Apostelgruppe eingegliedert. Die Interpretationen dazu sind ungezählt. Eine der spektakulärsten greift Bestseller-Autor Dan Brown in seinem Historienthriller »Sakrileg – The Da Vinci Code« auf. Danach stellt die Figur rechts von Jesus seine Gemahlin Maria Magdalena dar.

Mehr auf die Ewigkeit bedacht war Giovanni Donato da Montorfano, der 1495 *al fresco* an der Südwand des Refektoriums eine große Kreuzigungsszene malte, die bis heute gut erhalten ist. Leonardo da Vinci fügte kaum sichtbar die Figuren Ludovico il Moros und seiner Familie ein

Info

Das Abendmahl kann Di–So 8.15–19 Uhr besichtigt werden. Dafür ist eine Vorab-Reservierung nötig, zu tätigen unter Tel. 02 89 42 11 46 oder im Internet unter www.cenacolovinciano.org. Eintritt: 8 Euro. Die Besichtigung ist auf 15 Minuten beschränkt.

Restaurant

Bar Magenta

Via Giosuè Carducci 13, tgl. 9–2 Uhr

In der Bar Magenta kann man den Kunstgenuss für einen Cocktail mit Häppchen und Snacks unterbrechen. Bei Jugendlichen ist die Bar auch ein beliebter Abendtreff.

*Museo Nazionale della Scienza e della Tecnologia »Leonardo da Vinci« 2

Über die Via Zenale gelangt man zum ehemaligen Kloster San Vittore aus dem 16. Jh., in dem heute zwei Museen untergebracht sind. Das wichtigste ist das Museo Nazionale della Scienza e della Tecnica »Leonardo da Vinci«. Die umfangreiche Sammlung schlüsselt die Geschichte der Industrie sowie der technischen Errungenschaften auf und würde wohl nur bei passionierten Technikern und Ingenieuren auf dem Besichtigungsplan stehen, wenn nicht die **Galleria di Leonardo** mit zahlreichen Zeichnungen, Plänen, Maschinen und Instrumenten des genialen Erfinders und Renaissancekünstlers aufwarten würde.

Leonardo suchte Zeit seines Lebens als Naturforscher ein enzyklopädisches Wissen mit den Mitteln der Erfahrung und des Experiments zu gewinnen – seinem Genius entsprechend machte

er dabei seiner Zeit weit vorauseilende Beobachtungen. Wie anders sollte man das Genie Leonardos darstellen als in einer überlebensgroßen Gestalt des Künstlers, die alles in Augenschein nimmt. Dem kuriosen Museum mit seinen Abteilungen – Physik, Telekommunikation, Technologie und Transportwege –, zwischen die sich auch Musikinstrumente, Goldschmiedearbeiten oder Kutschen mischen, sind eine umfangreiche technische Bibliothek und ein Zentrum für Experimentalphysik angeschlossen (Via S. Vittore, Di–Fr 9.30–17 Uhr, Sa, So, Fei 9.30–18.30 Uhr, Tel. 02 48 55 51, www.museoscienza.org).

Das Museum besitzt auch eine Schifffahrtsabteilung mit Modellen, darunter die »Santa Ma-

Die Basilica di Sant'Ambrogio, Kirche des Mailänder Schutzpatrons

ria« von Christoph Kolumbus, nautischen Instrumenten und Waffen. Das schönste Exponat der kleinen Sammlung ist das U-Boot »S-306 E. Toti«, das man auch im Rahmen einer Führung von Innen besichtigen kann (Mo–Do 10–16.15, Fr–So 10–17.45 Uhr.)

San Vittore 3

Die benachbarte Kirche gehörte zur Klosteranlage; sie ist ein Werk des Baumeisters Galeazzo Alessi, der sie 1560 an der Stelle einer romanischen Basilika aus dem 8. Jh. errichtete. Einen Blick ins Innere lohnt vor allem **das prachtvolle Chorgestühl.**

Museo di Criminologia 4

Am Ende der Via S. Vittore, direkt an der Piazza S. Ambrogio steht ein doppelter Torbogen der mittelalterlichen Stadtmauer aus dem 12. Jh., die Pusterla di S. Ambrogio. Sie diente einst als Gefängnis und beherbergt heute das Kriminalmuseum. Die stattliche Sammlung antiker Folterinstrumente und Waffen mutet etwas unheimlich an (tgl. 10–13 und 15–19.30 Uhr, Tel. 028 05 35 05).

**Basilica di Sant'Ambrogio 5

Dem monumentalen Komplex von Sant'Ambrogio verleiht die erdverbunde Wärme des roten Backsteins Ehrwürdigkeit. Für die viele Mailänder ist nicht der Dom mit seinen nahezu protzigen Ausmaßen, der dennoch so verloren auf dem weiten Domplatz thront, das Zentrum Mailands, sondern die alte Basilika ihres Schutzpatrons, des hl. Ambrosius. Er wurde als Sohn eines römischen Verwaltungsbeamten um 340 in Trier geboren, kam nach Mailand und wurde 374 zum Bischof der Stadt gewählt. Die dicke Eisenkette in Sant'Ambrogio, mit der das Hauptportal von innen verhangen ist, gilt gleichsam als Sinnbild seines Widerstandes gegen Kaiser

Theodosius. Als sich das Volk von Thessaloniki gegen die kaiserliche Autorität auflehnte, schwor Theodosius blutige Rache, entgegen seiner Zusage, die Stadt zu schonen. Unter dem Vorwand, Wettkämpfe veranstalten zu wollen, lockte er die Menschen in den Zirkus und ließ sie umbringen. Die Nachricht vom Gemetzel drang bis zu Ambrosius nach Mailand, und als Thedosius zurückgekehrt war, verweigerte ihm der Bischof mittels der scheren Kette den Zutritt zu seinem Gotteshaus.

Viele Legenden ranken sich um seinen Namen. Für Mailand ist jene vom Bienenschwarm, der Ambrosius als Kind in der Wiege umschwirrte, ohne ihn zu verletzen, in künstlerischen Darstellungen besonders typisch. Die Bienen träufelten Honig in seinen Mund und schenkten ihm so die »honigsüße« Sprache seiner späteren Schriften, Hymnen und des ambrosianischen Gesanges.

Baugeschichte

Ende des 4. Jhs. ließ Ambrosius eine Säulenbasilika zu Ehren der Gebeine der Märtyrer Gervasius und Protasius bauen. Vom Ursprungsbau blieb leider nichts erhalten. 1196 stürzten Teile des Mittelschiffs ein, deren Wiederherstellung die lange Folge der Baumaßnahmen vorerst beendete. Später wollte Ludovico il Moro auch die neuen Prinzipien der Renaissancebaukunst in der Kirche verwirklicht sehen und beauftragte Bramante mit der Errichtung des Konventsgebäudes, der Canonica und der beiden Kreuzgänge. Die einst so kraftvolle Formensprache wurde immer mehr verfälscht, und als Federico Borromeo 1630 den Baumeister Francesco Maria Richini mit einer barocken Umgestaltung betraute, war der ursprüngliche Geist der Basilika verloren. Ab Mitte des 19. Jhs. versuchte man, den romanischen Originalzustand des bedeutendsten Sakralbaus der lombardischen Romanik so gut wie möglich wiederherzustellen.

Ambrosius und der Teufel

Der heilige Mailänder Bischof und Schutzpatron hatte es nicht nur mit skrupellosen und brutalen Machthabern zu tun, sondern sogar mit dem Teufel. Als Ambrosius eines Tages in sein Gebet vertieft war, erschien der Satan, um ihn in Versuchung zu führen. Ambrosius jedoch soll sich kämpferisch auf den Teufel gestürzt und ihn im wahrsten Sinne des Wortes zur Hölle geschickt haben. Dabei musste der Satan seine beiden Hörner zurücklassen, die der Legende nach die zwei Löcher in der *Colonna del diavolo*, einer römischen Säule nahe dem Tempio della Vittoria, verursacht haben. Die »Teufelssäule« spielte in der Geschichte fortan als sichtbares Siegeszeichen über das Böse eine große Rolle, und die deutschen Kaiser kamen vor ihrer Krönung in Sant' Ambrogio hierher, um die Löcher zu küssen.

In der Basilica di Sant'Ambrogio

Außenarchitektur

Durch ein Tor gelangt man in den strengen Innenhof, den hohe Pfeilerarkaden säumen und der den Blick auf die Rundbögen der Fassade freigibt, hinter der kraftvoll die beiden Glockentürme aufragen. Der rechte, niedrige **Campanile dei Monaci** (Mönchsturm) stammt aus dem 9. Jh., der hohe, stark rhythmisierte romanische **Campanile dei Canonici** (Domherrenturm) geht aufs 12. Jh. zurück. Das Hauptportal zieren lombardische Flechtbänder. Tierfratzen an den Säulen schaffen eine unheimliche Atmosphäre.

Das Mittelschiff

Infolge der schweren gedrückten Gurtbögen, die die Kreuzrippengewölbe trennen, ist der Innenraum von dämmriger Feierlichkeit. Durch die Emporen über den niedrigen Seitenschiffen wird der gedrungene Raumeindruck noch gesteigert. Links vor der Vierung sieht man im Mittelschiff den **Pergamo**, die Marmorkanzel. Sie erhebt sich auf zierlichen Säulen über dem berühmten **Stilicho-Sarkophag**, in dem ein Ehepaar aus dem 4. Jh. seine letzte Ruhe gefunden hat.

Im Chor steht der **Ciborio**, ein auf vier römischen Säulen ruhender Altarbaldachin aus dem 10. Jh., der mit Stuckreliefs geschmückt ist. Christus zwischen Petrus und Paulus im Westen entsprechen dem hl. Ambrosius mit Gervasius und Protasius im Osten. Im Süden ist der hl. Benedikt dargestellt, im Norden die hl. Thekla, beide Heilige sind flankiert von zwei Königen bzw. Königinnen.

Der Baldachin birgt den berühmten ****Paliotto** oder »Goldaltar«, der mit Reliefs aus z.T. vergoldetem Silber verkleidet ist, die Darstellungen aus dem Leben

Karte Seite 117

Christi und des hl. Ambrosius zeigen. Meister all dieser künstlerischen Pracht war Volvinius, der den Paliotto um 835 im Auftrag des Erzbischofs Angilbertus II. anfertigte. Auf der Rückfront hält ein Relief den Moment fest, in dem Angilbertus dem Kirchenstifter den Altar überreicht.

Seitenschiffe, Grabkapellen, Vorhallen

Rechts vom Presbyterium gelangt man nach Zahlung eines Obolus zur Grabkapelle **San Vittore in Ciel d'Oro**, einem quadratischen Raum mit kleiner Apsis, der mit wunderschönen Mosaiken aus der zweiten Hälfte des 5. Jhs. geschmückt ist. In einem Nebenraum sind Messkelche und Goldschmiedearbeiten ausgestellt. Eine Tür im linken Seitenschiff führt zu einer feierlichen Vorhalle, zum **Portico della Canonica**, die Bramante 1492–1499 in der für ihn typischen Klarheit der Formen errichtete. **Besonders eindrucksvoll ist die Kirche**, wenn ein Gottesdienst am Goldenen Altar zelebriert wird. Dann kann man sich für einen Augenblick ins Mittelalter versetzt fühlen, besonders wenn die Mönche auf Latein zelebrieren.

Öffnungszeiten: Mo–So 9.45 bis 12 und 14.30–17 Uhr, Messe werktags um 9 Uhr, weitere Zeiten für Messen und Infos unter www.santambrogio-basilica.it.

Tempio della Vittoria

Gleich neben der Kirche bietet der Tempio della Vittoria ein denkbar großes Kontrastprogramm zur Basilika. Die protzige Anlage des Ehrenmals für die Gefallenen des Ersten Weltkriegs versucht durch martialische Formen zu beeindrucken.

Colonne di San Lorenzo

Colonne di San Lorenzo 6

Über die schmale und ruhige Via Caminadella, die rechts von der V. Lanzone abzweigt, gelangt man zum Corso Porta Ticinese mit den Colonne di San Lorenzo. Sie muten eher wie Filmrequisiten an, diese 16 römischen Säulen, die sich mächtig auf dem Kirchenvorplatz erheben. Man mag ein historisches Schauspiel mit Kaiser Konstantin erwarten, der gleich

San Lorenzo Maggiore

nebenan hoch zu Ross in Bronze gegossen ist. Doch die Colonne di San Lorenzo am Corso di Porta Ticinese sind keine Requisiten, sondern marmorne Stützen eines leider nicht überlieferten Baus aus der Kaiserzeit des 2. oder 3. Jhs.

Bereits im 4. Jh. hatte man sich antiker Gebäude relativ großzügig als Bauteillager oder Steinbruch bedient, der Gedanke an Überlieferung oder Konservierung alter, vorangegangener Architekturen war dieser Zeit noch fremd. So wurden denn auch die Säulen hierher versetzt, um einer frühchristlichen Kirche ein Atrium zu verleihen. Heute sind die Säulen ein beliebter Treffpunkt von Jugendlichen, den Mailänder *ragazzi*. Was überall in Italien die Piazza ist, sind in Mailand die Colonne di San Lorenzo – **ein kleines Zentrum öffentlichen Lebens**, ein Forum für Gespräche, Klatsch und Tratsch, ein Dreh- und Angelpunkt für die Leute aus dem Viertel.

So wie die Säulen war einst auch die **Piazza Vetra** hinter der Basilica San Lorenzo Maggiore den Alternativen einst ein offener *salotto*, aber dann vertrieb das Heroin den Charme und verwandelte die Piazza in einen üblen Drogenumschlagplatz. Dabei ist es wohl nur eine makabre Parallele der Geschichte, dass der Platz bis 1814 als Hinrichtungsstätte diente. Hier stand die berüchtigte *Colonna infame*, deren Geschichte in Manzonis Roman »Die Verlobten« so episch ausgeführt wird.

**San Lorenzo Maggiore 7

Die großartige Kirche wird von einer mächtigen und doch nahezu leicht anmutenden Renaissancekuppel bekrönt. Nach Westen präsentiert sie sich mit einer prachtvollen historisierenden Fassade, die dem ursprünglichen Bau vorgeblendet ist. Nähert man sich der Kirche von Osten durch den kleinen Park, so erkennt man noch Teile des Kernbaus, der auf das 4. Jh. zurückgeht.

San Lorenzo Maggiore, die älteste Kirche Mailands erhebt sich über einem Zentralgrundriss und ist gleichsam eine Mustersammlung von Zentralbauformen, die trotz vieler Restaurierungen und späterer Veränderungen nahezu vollständig erhalten blieben. Die Kirche ist wahrscheinlich 355 als arianische Basilika entstanden und erst seit Ambrosius dem katholischen Ritus geweiht. Im 11. und 12. Jh. brachten Brände das Gewölbe zum Einsturz, das in der Romanik wieder errichtet wurde. 1573 brach auch die achteckige Kuppel über dem zweigeschossigen Tambour von San Lorenzo zusammen, und Martino Bassi wurde mit dem Wiederaufbau beauftragt. In den Formen der Spätrenaissance krönte der Baumeister die Kirche mit einer majestätischen Kuppel, die souverän die Silhouette der Straßenzüge beherrscht.

Die Kapellen

Der feierliche achteckige Innenraum ist von einem geheimnisvollen Zwielicht erhellt. Die zweigeschossigen Exedren, Räume über halbkreisförmigen Grundrissen, die nach außen ausschwingen, bilden im Innern eine Art von Umgang mit Emporen, die abwechselnd von vier runden und vier achteckigen Säulen getragen werden. Hinter dem **Hochaltar**, den ein Fresko der Madonna mit dem Kinde schmückt, liegt die **Cappella Sant'Ippolito**, die etwa um 500 entstanden ist.

Im Süden schließt sich die **Cappella Sant'Aquilino** an, die man durch ein Portal und über ein Atrium erreicht, das noch Fresken zur Kreuzigung aus dem 14. Jh. birgt. Darüber hinaus haben sich hier auch Reste von Mosaiken aus dem 4. Jh. erhalten, Bilder aus unzähligen farbigen Glassteinchen, die den Triumph der Christenheit über den Geist der Antike feiern. Abgebildet sind die zwölf Stämme Israels sowie die zwölf Apostel. Von der Vorhalle führt ein römisches Portal, das wiederum mit Darstellungen von Zirkusspielen geschmückt ist, in den oktogonalen Raum der Taufkapelle. In den beiden hinteren Nischen erstrahlen in altem Glanze Mosaiken aus dem 4. Jh. In dem silbernen Sarg werden die Gebeine des hl. Aquilinus bewahrt. Eine Treppe neben dem Sarg führt hier in die Vergangenheit eines frühen römischen Gebäudes, das aus dem 2. Jh. v. Chr. stammt und von dem man noch einige Mauerreste sehen kann. Der Marmorsarkophag aus dem 5. Jh. rechts neben dem Aquilinus-Grab war der Überlieferung nach für Galla Placidia bestimmt, die unglückliche Tochter des Kaisers Theodosius.

Auf den Emporen der Basilika

Folgt man der Treppe hinauf zu den Emporen des Zentralbaus der Basilika, findet man weitere Fresken aus dem 4. und 5. Jh. Die dritte Kapelle San Lorenzos im Norden ist San Sisto geweiht und mit Fresken aus dem 17. Jh. geschmückt. Als **mustergültiger Zentralbau** wirkte San Lorenzo lange Zeit beispielgebend in Italien (z.B. für San Vitale in Ravenna) und auch nördlich der Alpen (tgl. 7.30–18.45 Uhr).

Die Porta Ticinese medievale: das mittelalterliche Entree der Stadt

Porta Ticinese medievale 8

Das mächtige Tor, das den Corso nahe der Kirche überspannt, gab dem ganzen Viertel südwestlich des Doms seinen Namen. Es gehörte zur mittelalterlichen Befestigungsanlage um Mailand, die nach dem zerstörerischen Angriff Barbarossas im Jahre 1171 zum Schutz der Stadt errichtet worden war. Die Porta Ticinese war das wichtigste Tor in der Stadtmauer, dem Ankömmling von Südwesten präsentierte sich Mailand hier von seiner schönsten Seite. Alle bedeutenden Herrschergestalten des Mittelalters zogen durch diesen Bogen in die Stadt ein. Und bis heute muss jeder neue Erzbischof durch das Tor auf den Mailänder Dom zuschreiten. Das Relief, das der pisanische Künstler Giovanni di Balduccio 1330 im Rahmen von Vergrößerungsarbeiten an der Außenseite des Torbogens anbrachte, zeigt die thronende Madonna, um die sich die Heiligen Lorenzo, Eustorgio und Petrus Martyr scharen, daneben kniet der hl. Ambrosius und präsentiert ein Stadtmodell.

Restaurant

Shu
Ecke V. della Chiusa und Molino delle Armi
www.shumilano.it
Das Shu gehört seit Jahren zu den angesagten Locations der Stadt. Hier einen *aperitivo* trinken und sich am **Gratisbuffet** laben: Das ist der passende Auftakt für eine aufregende Nacht.

Shopping

Die Gegend um die Porta Ticinese ist reich an **Trödelläden** und schrillen Designergeschäften – vor allem für Jugendliche und Studenten ein ideales Einkaufsterrain für den etwas schmaleren Geldbeutel.

Vom Corso di Porta Ticinese erreicht man weiter südwärts die kleine lauschige Piazza Sant'Eustorgio, wo kleine Läden zum Einkaufen einladen. **Handgefertigte Handtaschen** findet man bei **Travi Borse, Corso Porta Ticinese 30, Tel. 02 89 40 42 02.**

*Basilica di Sant'Eustorgio 9

Der imposante Backsteinbau ist nach Sant'Ambrogio die bedeutendste mittelalterliche Kirche Mailands. Man erreicht die Basilica Sant'Eustorgio entweder, wenn man durch die Porta Ticinese geht oder einfach durch den Parco delle Basiliche geht. Ihre Geschichte führt zurück ins 4. Jh., als der aus Griechenland stammende Bischof Eustorgios eine kleine Kapelle ausbauen ließ. Der Überlieferung nach lagen hier die Reliquien der Heiligen Drei Könige, die Kaiser Konstantin aus Byzanz überführte und dem Bischof zum Geschenk machte. Nach der Eroberung Mailands im 12. Jh. kamen die Gebeine dann 1164 nach Köln in den Dom. Ein Teil der kostbaren Reliquie wurde allerdings 1903 wieder zurückgegeben und wird nun in einer modernen Urne in der Cappella dei Magi rechts vom Presbyterium aufbewahrt. Ein romanischer Neubau Sant'Eustorgios ist bereits in der ersten Hälfte des 11. Jhs. überliefert. Ihn zerstörte allerdings Barbarossa bis auf die Grundfeste. Lange Zeit lebten die Mailänder fortan mit den Ruinen, bis die Kirche 1220 in den Besitz

Basilica di Sant'Eustorgio

der Dominikaner kam. Sie bauten sie wieder auf, allerdings mit vielen Veränderungen. 1297 wurde der Basilika der *Campanile*, der Kirchturm, zur Seite gestellt, der mit 75 Metern der höchste von Mailand ist. Auch wurden erste Grabkapellen für das Mailänder Patriziat angefügt.

Die Basilica scheint gleichsam die Mailänder Tradition für prunk- und prachtvolle Grablegen zu begründen, wie sie sich später auf dem Cimitero Monumentale fortsetzt. Die einzelnen

Kapellen jedenfalls sind mit **unzähligen kunsthistorischen Kostbarkeiten geschmückt**. Giovanni di Balduccio gestaltete das majestätische Wandgrab für den 1327 verstorbenen Stefano Visconti in der vierten Kapelle, die auch ein Fresko des »Heiligen Georg mit der Prinzessin« bewahrt, das in seiner feinen Linienführung und Farbigkeit ein Meisterwerk lombardischer Malerei aus dem 14. Jh. ist.

Cappella dei Magi

In der Cappella dei Magi im südlichen Querhaus sollen die Gebeine der Heiligen Drei Könige vor ihrer Überführung nach Köln aufbewahrt worden sein. Man sieht noch den imposanten spätrömischen Giebelsarkophag, in dem die Reliquien von Byzanz (Konstantinopel, dem heutigen Istanbul) nach Mailand gebracht wurden. Das Triptychon zeigt Reliefs zur Geschichte der Heiligen Drei Könige.

**Cappella Portinari

Die schönste der Kapellen ließ sich der florentinische Bankvertreter Pigello Portinari als **Grablege** 1462–1468 errichten. Sie ist ein Meisterwerk der in lombardische Bauformen übersetzten Florentiner Renaissance und knüpft an die Frührenaissance Brunelleschis an. Portinari arbeitete zwar in Mailand, doch künstlerisch schien er mehr den Toskanern zu vertrauen, und so holte er den Pisaner Baumeister Giovanni di Balduccio in die lombardische Kapitale. Bei dem Bau hatte Pigello Portinari nicht nur eine eigene Grablege vor Augen, er wollte auch dem Dominikaner Pietro da Verona ein Denkmal setzen.

Karte Seite 117

Der Mönch, der in der Lombardei und in der Toskana als strenger Inquisitor tätig war, wurde 1252 von einem Katharer getötet und bereits ein Jahr später als Petrus Martyr heiliggesprochen. Pietro da Verona galt als einer der grausamsten Verfolger der Katharer, einer religiösen Glaubensgruppe, nach deren Lehre dem guten Gott der böse Teufel als Weltschöpfer gegenüberstand. Die damit von ihrem Ursprung her böse Welt versuchten die Katharer durch strenge Askese zu überwinden. Im Mittelalter galten sie als gefährliche Ketzer und waren den blutigen Verfolgungen der Inquisition ausgesetzt.

Das prunkvolle **Marmorgrab** Petrus Martyrs in der Mitte der Kapelle gerät vor diesem Hintergrund zum eigentümlichen Denkmal der grausamen Vernichtung Andersdenkender. Der Auftraggeber Portinari hatte natürlich anderes im Sinn. Er wollte sich mit der engen Nachbarschaft der beiden Grablegen bis weit über seinen Tod hinaus schmücken. Doch nicht die Ruhestätte neben dem Heiligen adelt ihn, sondern der glanzvolle Raum des Florentiner Baumeisters Michelozzo: Ein Gebälkfries mit Cherubimköpfen umzieht den Hauptraum und den anschließenden Chor, und ein Reigen bunt bemalter, tanzender Engel schmückt den Kuppeltambour. Die Fresken in strenger Würde, die Szenen aus dem Leben des hl. Petrus Martyr erzählen und die Thematik der Verkündigung aufgreifen, schuf der Brescianer Meister Vincenzo Foppa. Seine weiche, malerische Auffassung der Gegenstände deutet auf den Einfluss venezianischer Malerei hin. In der Mitte des Raumes tragen acht Karyatiden den Sarkophag des Heiligen. Er ist mit Reliefs geschmückt, die seine Strenge gegenüber sich selbst und anderen glorifizieren.

Diözesan-Museum

Seit 2001 befinden sich in den ehemaligen Klostergebäuden bei der Basilica die Kunstsammlungen der Diözese Mailand. Es werden Schätze aus den Kirchen Mailands, aber auch Sammlungen von Privatleuten präsentiert. Der Bogen spannt sich dabei von spätantikem Silber über hochmittelalterliche Stuckplastik bis zu Gemälden vom 14. bis 18. Jh. Ein besonderes Glanzstück sind Fragmente einer geschnitzten Holztür aus dem 4. oder 5. Jh., die aus Sant'Ambrogio stammen (Corso di Porta Genovese 95, Di–So 10–18, www.museodiocesano.it).

Porta Ticinese 10

Für »schön, ohne von der Antike kopiert zu sein«, befand Stendhal im 19. Jh. bei seiner Oberitalienreise die zweite Porta Ticinese, die den Corso beschließt. Der dem Frieden geweihte Triumphbogen entstand in den Jahren 1801–1814 nach dem Sieg Napoleons bei Marengo. Er markierte die Stadtgrenze, die sich im Vergleich zur mittelalterlichen Porta Ticinese bei San Lorenzo › S. 122 beachtlich verschoben hatte.

12 Die Navigli

Nicht verpassen!

- Einen nächtlichen Spaziergang entlang der Kanäle
- Eine Bootsfahrt auf den Kanälen
- Den Antiquitätenmarkt am Sonntag

Zur Orientierung

Wer kulturelle Highlights sucht, der wird von der Gegend enttäuscht sein. Wer sich aber gern an lauen Abenden durch enge Gassen treiben lässt, gerne in italienische Geselligkeit eintaucht und offen ist für die Romantik eines mitternächtlichen Spaziergangs entlang eines Kanals, auf dessen Wasseroberfläche Lichter tanzen, der ist hier richtig. Aber auch bei Tage sind die Navigli mit ihren vielen interessanten Läden einen Besuch wert.

Tour entlang der Navigli

Kulinarisches am Wasser

– 6 – Stazione Porta Genova › Darsena › Naviglio Grande › Naviglio Pavese

Dauer: ca. 1–1 ½ Stunden
Praktische Hinweise: Die Navigli erreicht man am besten mit der Metro 2, Station Ⓜ Porta Genova und von dort über die Via Vigevano. Seinen Besuch sollte man am besten am frühen Abend beginnen, wenn die Läden noch geöffnet, die Bars aber auch schon auf die ersten Gäste warten.

Hier wird Mailand fast zum Dorf. Bei gutem Wetter stellen die Lokale Tische und Stühle ins Freie, Blumen schmücken die Ufer der Kanäle, Passanten bummeln entspannt am Wasser entlang. Am lebhaftesten ist es am Samstag. Dann sind die Restaurants und Bars überfüllt, weshalb man entweder frühzeitig kommen oder reservieren sollte. Sonntags haben dagegen viele Lokale geschlossen. Ganz besonders lohnt ein Besuch in den ersten zehn Tagen im Juni, wenn die Festa del Naviglio gefeiert wird-

Darsena 1

In der Darsena enden der Naviglio Grande und Pavese, und auch der Fluss Olona ergießt sich (aus seinem heute überbauten Flussbett) in das Becken. Die ursprüngliche Aufgabe der Kanäle war es, das sumpfige Umland Mailands trocken zu legen. Ab dem 13. Jh. wurden sie dann durch Verbreiterung schiffbar gemacht und bis nach Mailand hinein verlängert. Auf ihnen wurden auf flachen Lastkähnen Waren aller Art in die Stadt gebracht. Von der Darsena ging dann ein ganzes Netz von weiteren Kanälen aus, die die ganze Stadt durchzogen, die heute bis auf kleine Reste verschwunden sind. Besonders eindrucksvoll ist die Darsena abends, wenn sich die Lichter der Autos auf der Wasseroberfläche spiegeln. Ein absolutes Highlight ist der Besuch des **Mercato d'Antiquariato**. Die Straßen entlang der Kanäle verwandeln sich am letzten Sonntag des Monats in einen riesigen Antiquitätenmarkt.

Shopping

Brusaferri

Via Vigevano 33
www.brusaferri.it
Individueller Schmuck zu vernünftigen Preisen, jedes Stück ein Unikat.

Libraccio

Via Corsico 9, werktags bis 23 Uhr
Ein Paradies für Bücherfreunde mit ausgezeichneter Kunstbuchabteilung.

Naviglio Grande 2

Eher ruhig geht es am Naviglio Grande zu. Der 50 km lange Kanal verbindet Mailand mit dem Ticino-Fluss, der über den Po den Warentransport bis zur Adria hin ermöglichte. Dem Naviglio Grande kam auch beim Dombau entscheidende Bedeutung zu, da der Marmor ausschließlich auf diese Weise von den bei Candiglio in den Alpen gelegenen Steinbrüchen in die Stadt transportiert wurde. Beidseitig des Kanals findet man noch die 2- bis 3-stöckigen Handwerkerhäuser, die ursprünglich das Bild der Gegend bestimmten.

Etwa 100 m von der Darsena entfernet zweigt rechts von der Via Alzaia Naviglio Grande der **Vicolo dei Lavandai** 3 ab. Unter den Holzdächern knieten noch bis zum Zweiten Weltkrieg die Frauen, um die Wäsche zu waschen. An der neogotischen Kirche **S. Maria delle Grazie al Naviglio** 4 vorbei wechseln Sie die Kanalseite über den **Pont de Ferr** 5, den Eisensteg.

Restaurant

Sadler
V. A. Sforza 77, Tel. 02 58 10 44 51
www.sadler.it
Claudio Sadler ist ein Altmeister der italienischen *Alta Cucina*. ●●●

Naviglio Pavese 6

Vom Pont de Ferr tauchen Sie in die Gegend zwischen den Kanälen ab. Über die beschauliche **Piazza Arcole** geht es durch die Via Gola zum **Naviglio Pavese**, der nach Pavia führte. Die linke Kanalseite, die V. Ascanio Sforza, hat mit ihren Altbauten noch viel von dem ursprünglichen Charme des Viertels bewahrt, während gegenüber die Via Alzaia hauptsächlich Häuser aus den 1950er-Jahren aufweist. Wer dem Kanal stadtauswärts folgt, der kommt in der Höhe der **Via Conchetta** zu einer alten **Schleuse** 7, die wieder in Betrieb genommen wurde. Die Hydraulik, mit der die Schleusentore ewegt werden, gehen auf eine Erfindung von Leonardo da Vinci zurück.

Echt gut!

Der Weg bis zur Ausgangsmetrostation Porta Genova über die Piazza XXIV Maggio ist nicht weit.

Kanalfahrten

Vom 19. Apr. bis zum 30. Sept. kann man die Navigli vom Boot aus erleben. Abfahrt ist am Naviglio Grande auf Höhe des Pont de Ferr. Die Fahrt geht über die Darsena bis zur Schleuse am Naviglio Pavese und wieder zurück. Info: Navigli Lombardi, Tel. 0 26 67 91 31.

Das verlorene Paradies der Navigli

Wer mit einem der wenigen verbliebenen, alteingesessenen Bewohner der Navigli spricht, wird die Wehmut bemerken, mit der sie von »der guten alten Zeit« reden, also von der Zeit vor der Mitte der 1980er, bevor die Immobilienhaie und Spekulanten die Gegend entdeckten. Als hier mitten in der Großstadt Mailand eine fast noch dörfliche Idylle herrschte.

Wie sich einst das Leben an den Kanälen abspielte, hat der Dramatiker Dario Fo festgehalten: »Der Ring der Navigli wurde strahlenförmig von kleinen Kanälen, die in die Innenstadt führten, durchschnitten. Es gab einen regelmäßigen Bootsverkehr für Waren und Personen von Mailand an den Lago Maggiore, nach Pavia und bis nach Venedig. Auf den Booten, an den Schleusen und in den Wirtshäusern am Kanal hat sich ein buntes Leben abgespielt. Man traf Scharlatane, Glücksritter, Huren, Falschspieler und Geschichtenerzähler. Geblieben sind davon nur noch Straßennamen, Redewendungen, Sprichwörter, und einige Lieder und Erzählungen«.

Steigende Mieten zwangen immer mehr der Ureinwohner zur Abwanderung und mit ihnen verschwand auch *el Milanes*, der Mailänder Dialekt mit seinem herben Charme. Und damit verschwand auch ein Stück typisches Mailänder Leben für immer.

Ausflüge

- Certosa di Pavia und Pavia
- Monza – Domschatz und Motodrom

Certosa di Pavia und Pavia

Mailand › Certosa › Pavia

Dauer: 7–8 Stunden
Praktische Hinweise: Mit dem Auto: auf der SS 35 nach Süden 27 km bis Certosa und weiter bis nach Pavia (8 km). Mit der Bahn: Züge ab der Stazione Centrale nach Pavia.

*Certosa di Pavia 1

Die Fahrt führt längs des Naviglio Pavese aus Mailand hinaus. Inmitten von Feldern erhebt sich weithin sichtbar die **Certosa di Pavia** wie ein schneebedeckter Berg. Wer durch die prächtige Toranlage den Vorhof betritt, der wird durch die reich mit Medaillons und Reliefs verzierte Fassade der Klosterkirche **Santa Maria delle Grazie** geblendet.

Der Stifter des Kartäuserklosters, Gian Galeazzo Visconti, wollte hier nämlich ab 1390 den Rahmen für eine prächtige Grablege seines Geschlechts schaffen. Aus Geldmangel und Desinteresse seiner Nachfolger vergingen aber 150 Jahre bis die Anlage vollendet war.

Das Innere der Kirche ist schlichter. Glanzpunkt der Ausstattung ist das **Grab für Ludovico il Moro und Beatrice d'Este**, das der Herzog 1497 nach dem frühen Tod seiner Gemahlin bei Cristoforo Solari in Auftrag gab. Über den kleinen Kreuzgang mit seinen aufwendigen Terracottaornamenten kommt man in den **Großen Kreuzgang**. Um eine Freifläche von ca. 80 mal 80 m gruppieren sich die 23 Häuschen, in denen die Kartäuser ihrem frommen Leben in Einsamkeit und Stille nachgingen. (im Sommer tgl. 9–11.30 und 14.30–17.30 Uhr, Tel. 02 80 29 41).

Santa Maria delle Grazie in der Certosa di Pavia

**Pavia 2

Pavia, das man nach kurzer Fahrt erreicht, blickt auf eine glanzvolle Geschichte zurück. Bereits in römischer Zeit am Zusammenfluss von Po und Ticino gegründet, war es während der Langobardenherrschaft Sitz des Königs. Später wurden hier die deutschen Kaiser zu Königen von Italien gekrönt. 1359 musste die Stadt sich Mailand unterwerfen, wurde aber von den Visconti als Nebenresidenz ausgebaut und ist durch die Gründung der Universität im 14. Jh. bis heute ein Zentrum der Bildung.

Einen Rundgang startet man am ****Castello Visconteo.** Dort ließen die Mailänder Herzöge nach der Unterwerfung Pavias eine Festung am Altstadtrand errichten. Die imposante Anlage ist nur noch zum Teil erhalten, da sie den modernen Feuerwaffen, die die Franzosen 1525 in der Schlacht von Pavia einsetzten, nicht standhielt. Heute sind im Castello die Sammlungen des sehenswerten **Museo Civico** untergebracht (Juli, Aug., Dez., Jan. Di–So 9–13.30, sonst 10–18 Uhr).

Über den Viale G. Matteotti und die Via Grizotti erreicht man die romanische Kirche **San Pietro in Ciel d'Oro**, die mit ihrem Namen an den »goldenen Himmel« ihrer Vorgängerkirche erinnert. Die Kirche bündelt ihre monumentale Kraft in einem einfachen Backsteinbau mit einer streng gegliederten Fassade. Im Innenraum erhebt sich über dem Hochaltar die **Arca di Sant'Agostino**, das Grabmal des heiliggesprochenen Kirchenvaters Augustinus. Sie gilt als ein Hauptwerk lombardischer Bildhauerei des 14. Jhs.

Über den Corso Strada Nuova gelangt man zum klassizistischen Hauptgebäude der ehrwürdigen ****Universität**. Ihre Entstehung reicht bis ins 14. Jahrhundert zurück. Der Komplex umfasst mehrere Innenhöfe mit Arkaden und Loggien.

Mit der **Chiesa di San Michele**, die man über die Strada Nuova und den Corso Garibaldi erreicht, besitzt Pavia ein Juwel der Romanik. Sie wurde im 11 Jh. neu errichtet und diente als Krönungskirche. So empfing hier Kaiser Friedrich Barbarossa die Krone Italiens. Ihr heller, an manchen Orten porös gewordener Sandstein trug der Kirche im Volksmund den Namen »Chiesa della Polenta« ein: Tatsächlich erinnert die Farbe des Sandsteins an den beliebten Maisbrei.

Weiter geht es zum **Ponte Coperto**, der überdachten Brücke über den Ticino, die nach der Zerstörung im Jahr 1944 in ihrem mittelalterlichen Aussehen rekonstruiert wurde. Vom anderen Ufer aus hat man einen schönen Blick auf die Stadt, die von der riesigen Kuppel des **Domes** dominiert wird, der 1488 begonnen, aber nie fertiggestellt wurde. Den Rückweg sollten Sie über den Hauptplatz, die **Piazza della Vittoria**, mit seinem mittelalterlichen Rathaus machen.

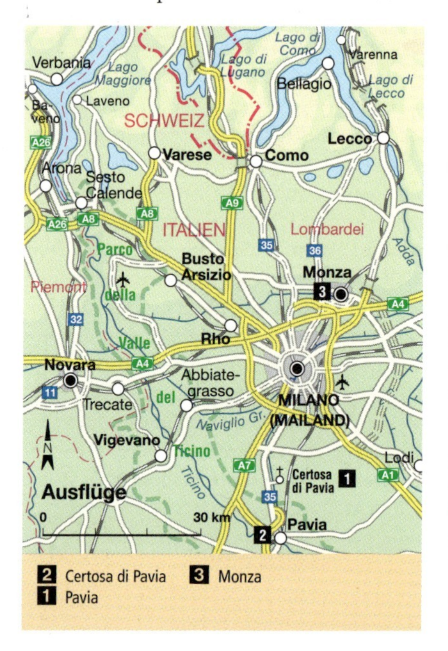

Info

IAT, 27100 Pavia
Piazza Petrarca 4
Tel. 03 82 59 70 01
www.turismo.provincia.pv.it, www.pavese.pv.it

*Monza 3

Mailand › Monza

Dauer: 4–5 Stunden
Praktische Hinweise: Mit dem Auto: 13 km Richtung Norden auf der SS 36. Züge verkehren ab der Stazione Centrale

Wer von Mailand nach Monza fährt, der wird kaum merken, wo das eine Stadtgebiet aufhört und das andere beginnt. Es ist das Schicksal der Mailand umgebenden Industriestädte, von der Metropole einverleibt zu werden.

Hauptattraktion Monzas ist die gotische Kathredrale ****S. Giovanni Battista**. Der größte Schatz der Kathedrale ist die in der reich ausgemalten **Cappella Theodolinda** (M. 15. Jh.) verwahrte *Corona ferrea*, die Eiserne Krone der Lombardei. Der Name rührt von dem eisernen Reifen im Inneren der Krone her, der aus einem Nagel des Christuskreuzes geschmiedet sein soll. Napoleon krönte sich mit ihr zum König von Italien (9–13 und 14–18 Uhr, www.duomomonza.it).

Auch ein Besuch im **Domschatzmuseum** mit seiner einzigartigen Sammlung frühmittelalterlicher Kunstwerke lohnt (Di–So 9-13 und 14–18 Uhr, www.museoduomomonza.it).

In unmittelbarer Nähe des Domes befindet sich die Piazza Roma mit dem **Arengario**, dem mittelalterlichen Rathaus. In der offenen Halle des Erdgeschosses wurde Markt abgehalten.

Der Dom von Monza

Am Nordrand der Altstadt befindet sich die **Villa Reale** mit ihrem 700 Hektar großen Park. Kaiserin Maria Theresia ließ den Komplex für ihren Sohn Ferdinand als Sommerresidenz errichten. Die Ruhe der Parks wird alljährlich im September jäh unterbrochen, wenn Tausende von Rennsportbegeisterten zur Formel-1-Strecke am Rand des Geländes pilgern. Im **Autodromo** wird auf der 5750 Meter langen Strecke der Große Preis von Italien ausgetragen. Außerhalb der Trainings- und Testzeiten können Hobbyrennfahrer ihre Runden drehen (www.monzanet.it).

Info

IAT, Piazza Carducci 2
20052 Monza
Tel. 0 39 32 32 22

Infos von A–Z

Ärztliche Versorgung

Für EU-Bürger ist die ambulante Behandlung in Krankenhäusern kostenlos. Bei kleineren Verletzungen kann man sich an den *Pronto Soccorso*, eine Erste-Hilfe-Station, wenden. Für aufwendigere Behandlungen benötigt man die Europäische Krankenversicherungskarte, die man vor Reiseantritt bei der Krankenkasse bekommt. Ärzte ziehen meist Barzahlung vor, daher sollte man für die Kostenrückerstattung auf einer detaillierten Rechnung bestehen. Wer ganz sicher gehen will, der sollte eine private Auslandskrankenversicherung abschließen.

Krankenhäuser im Zentrum:

Fatebenifratelli, Corsa Porta Nuova 23
Policlinico, Via Francesco Sforza 35

Apotheken

Farmacie sind in der Regel Mo–Sa von 9–12.30 und von 15.30–19 Uhr geöffnet. Wer regelmäßig Medikamente einnimmt, sollte diese jedoch von zu Hause mitbringen. Im Hauptbahnhof gibt es eine Apotheke, die 24 Stunden auch an Sonn- und Feiertagen geöffnet hat.

Auskunft

- **Flugauskunft:** Ankünfte und Abflüge ab Linate und Malpensa Tel. 02 74 85 22 00, www.sea-aeroportimilano.it
- **Zugauskunft:** Ferrovie dello Stato, Stazione Centrale Tel. 0 26 37 11, Ferrovie Nord Tel. 02 84 47 75 00; www.trenitalia.com
- **Öffentliche Verkehrsmittel:** Tel. 8 00 80 81 81 (kostenfrei, tgl. 7.30–19.30 Uhr) und www.atm.mi.it.
- **Veranstaltungen:** Im Corriere della Sera erscheint donnerstags die Beilage ViviMilano mit einer Auflistung aller kulturellen Ereignisse der folgenden Woche, die auch im Internet veröffentlicht wird (www.corriere.it/vivimilano). Ein ähnliches Magazin liegt auch der Repubblica bei, in dem Tutto Milano aufgeführt wird.
Neben touristischen Informationen ist im Internet unter www.milanoinfotourist.com auch ein Veranstaltungskalender auf Englisch abrufbar.

Behinderte

Auf Rollstuhlfahrer sind nur wenige Museen eingerichtet. Kirchen kann man meist problemlos besichtigen. Eine Adressenliste mit behindertengerechten Hotels erhält man bei den lokalen Büros der italienischen Tourismusbehörde ENIT.

Diplomatische Vertretungen

- **Deutschland:** Via Solferino 40, 20121 Milano, Mo–Fr. 9–12 Uhr, Tel. 0 26 23 11 01
- **Österreich:** Piazza del Liberty 8/4, 20121 Milano, Mo–Fr 9–12 Uhr, Tel. 02 78 37 43
- **Schweiz:** Via Palestro 2, 20121 Milano, Mo–Fr 9–12 Uhr, Tel. 0 27 77 91 61

Einreise

Es genügt ein gültiger Reisepass oder Personalausweis bzw. Identitätskarte. Grenzkontrollen für EU-Bürger sind abgeschafft.

Feiertage

- 1. Januar – Neujahr
- 6. Januar – Hl. drei Könige
- Ostermontag
- 25. April – Tag der Befreiung
- 1. Mai – Tag der Arbeit

Die Navigli: Mailands beschauliche Seite

- 2. Juni – Gründung der Republik
- 29. Juni – Peter und Paul
- 15. August – Mariä Himmelfahrt
- 1. November – Allerheiligen
- 8. Dezember – Mariä Empfängnis
- 25. und 26. Dezember – Weihnachten

Fundbüro

Ufficio oggetti rinvenuti, Via Friuli 30, Mo–Fr 8.30–16 Uhr, Tel. 02 88 45 39 00, Fax 02 88 45 39 96.

Geld

Zum Geldabheben stehen EC-Geldautomaten zur Verfügung. Kreditkarten stoßen auf breite Akzeptanz, in einfacheren Restaurants zahlt man allerdings bar.

Haustiere

Hunde und Katzen müssen mit einem Mikrochip oder einer Tätowierung markiert sein und benötigen den EU-Heimtierpass, den jede Tierarztpraxis ausstellt. In diesem wird auch die gültige Tollwutimpfung bestätigt. Für Hunde sind Maulkorb und Leine Pflicht.

Information

- **Deutschland:** Friedrichstr. 187, 10117 Berlin, Tel. 03 0-2 47 83 97, enit-berlin@t-online.de; Kaiserstr. 65, 60329 Frankfurt, Tel. 0 69-23 74 34, enitffm@t-online.de; Lenbachplatz 2, 80333 München, Tel. 0 89-53 13 17, enit-muenchen@t-online.de; alle www.enit.it
- **Österreich:** Kärntner Ring 4, 1010 Wien, Tel. 01-5 05 16 39, delegation.wien@enit.at, www.enit.it
- **Schweiz:** Uraniastr. 32, 8001 Zürich, Tel. 0 43-4 66 40 41, info@enit.ch, www.enit.it
- **Mailand:** I.A.T., Piazza Duomo 19/A, 20123 Milano, Tel. 02 77 40 43 43 und in der Abfahrtshalle der Stazione Centrale, 20124 Milano, Tel. 02 77 40 43 18, www.provincia.milano.it/turismo (englisch)

Internet

In vielen Mailänder Hotels kann man online gehen; daneben gibt es zahlreiche Internet-Cafés. Einen aktuellen Überblick bietet die Webseite www.worldofinternetcafes.de.

Internetcafés im Stadtzentrum:

- **Hard Disk Café**, Corso Sempione 44, Tel. 02 33 10 10 01
- **WBA**, Via Palpetrosa 5, Tel. 02 45 47 88 74
- **Internet Café Grezia** (am Hauptbahnhof), Piazza Duca d'Aosta 14, Tel. 0 26 70 05 43

Messen

Mailand ist Messestadt! Und mit dem neuen Messezentrum in Rho Pero besitzt die lombardische Metropole zugleich das weltweit größte Ausstellungszentrum – mit einer Fläche von sage und schreibe 2 Mio. m^2. In Mailand wird natürlich vor allem Mode angeboten. Das Messejahr beginnt mit der Milano Collezioni Uomo und endet mit den neuesten Trends für Accessoires. Die international bedeutenden Modemessen, die Milano Collezioni, finden jeweils im Frühjahr und im Herbst statt.

- **Messe Mailand** – Fiera di Milano, Piazzale Giulio Cesare, 20145 Milano, Tel. 0 24 99 71, www.fieramilano.com

Netzspannung

Die Netzspannung beträgt 220–230 Volt. Passen Stecker nicht, kann man im Elektrofachhandel einen Adapter (*spina di adattamento*) kaufen.

Notrufnummern

- Polizei: Tel. 112
- Rettungsdienst: Tel. 118
- Pannendienst des ACI: Tel. 116
- Feuerwehr: Tel. 115

Öffnungszeiten

Die meisten Geschäfte sind Montag bis Samstag von 9–12.30 und von 15/16 bis 19.30 Uhr geöffnet, doch die Ladenschlusszeiten werden sehr flexibel gehandhabt. Große Kaufhäuser haben auch über Mittag geöffnet, manchmal auch sonntags (vor allem in der Vorweihnachtszeit). Lebensmittel- und Einzelhandelsgeschäfte sind mitunter

Gut zu wissen

- **Kriminalität:** Weder ängstlich noch leichtsinnig sollte man durch die Straßen gehen. In Mailand herrscht vor allem Beschaffungskriminalität; die Stadt hat viele Drogenabhängige. Einige Vorsichtsmaßnahmen: nie Wertsachen im Auto liegenlassen; wenn möglich, das Autoradio herausnehmen; immer die Handtasche gut festhalten. Nach Anbruch der Dunkelheit sollte man die Parks und manche Außenbezirke besser meiden. Die Benutzung der Metro ist auch abends ungefährlich.
- **Rechnungen:** Italienreisende sollten sich über alle Dienstleistungen, etwa im Restaurant oder beim Friseur, eine Rechnung (*ricevuta fiscale*) ausstellen lassen und diese mitnehmen. Auch den Kassenbon (scontrino) aus dem Supermarkt und der Bar sollte man einstecken. Bei Kontrollen der Finanzpolizei muss man den Beleg vorweisen, sonst drohen Strafen wegen Unterstützung der Steuerhinterziehung.
- **Tankstellen:** Tankstellen schließen oft über Mittag und öffnen erst wieder um 15 Uhr. Auch abends kann es schwierig werden, geöffnete Tankstellen zu finden – es gibt jedoch automatische Zapfsäulen.

Montag vormittags oder Mittwoch nachmittags geschlossen.

Für Museen gibt es keine einheitlichen Öffnungszeiten, die meisten haben jedoch montags Ruhetag.

Kirchen kann man vormittags bis 12 und wieder von 16–19 Uhr besichtigen (nicht während der Gottesdienste!).

Post und Telefon

Briefmarken *(francobolli)* gibt es in allen Bars und Geschäften mit dem schwarzen »T«-Zeichen *(tabacchi)* sowie an vielen Souvenirständen. Briefe und Postkarten nach Deutschland, Österreich und die Schweiz kosten 0,65 Euro. Das Mailänder Hauptpostamt liegt an der Via Cordusio 4 (Mo–Fr 8.30 bis 17.30 Uhr, Sa 9–14 Uhr).

Telefonieren kann man in den Fernsprechämtern der Telecom. Telefonkarten *(schede telefonice)* gibt es außer bei den Fernsprechämtern auch bei Tabacchi, doch die meisten öffentlichen Telefone nehmen auch Münzen an. Der Gebrauch von Mobiltelefonen ist in Mailand problemlos möglich.

Die Ländervorwahlen von Italien aus sind: Deutschland 00 49, Österreich 00 43, Schweiz 00 41. Es folgt die Regionalvorwahl ohne die 0 und die Nummer. Die internationale Vorwahl Italiens ist 00 39, bei der Regionalvorwahl muss die erste 0 mitgewählt werden (etwa Mailand 00 39 02 …). Italienische Handynummern beginnen ohne 0.

Stadtrundfahrten

Eine 90-minütige Busrundfahrt in einem offenen Doppeldeckerbus mit Audiokommentar wird ab der Piazza Castello angeboten. Dabei kann die Fahrt nach dem Hop-on-Hop-off-Prinzip beliebig oft unterbrochen werden. Der Preis beträgt 20 Euro, Kinder zahlen die Hälfte. Im Sommer tgl. 9.30–17.45 Uhr etwa halbstündlich, www.milano.city-sightseeing.it

Taxi

Taxis ruft man unter Tel. 02 40 40 oder 02 85 85.

Trinkgeld

In Restaurants sind 10 % des Rechnungsbetrags üblich.

Zoll

Innerhalb der EU sind Geschenke und Mitbringsel für den persönlichen Gebrauch zollfrei. Richtmengen pro Person über 17 Jahre: 800 Zigaretten, 10 l Spirituosen, 90 l Wein.

Für Bürger der Schweiz gelten die folgenden Freimengen: 200 Zigaretten, 1 l Spirituosen, 2 l Wein sowie Souvenirs bis ca. 300 CHF.

Urlaubskasse	
Espresso al bar	1,50 €
Softdrink am Tisch	4,50 €
Glas Bier am Tisch	6 €
Panino (Sandwich)	5 €
Kugel Eis	1 €
Taxifahrt (Kurzstrecke, 8 km)	15 €
Mietwagen/Tag	ab 45 €

Register

Bildnachweis

akg-images: 115; Alamy/Claudia H. Artmann: 20; Alamy/International Photobank: 99; APA Publications/Ros Miller: 21, 25, 66, 116, 122; Bildagentur Huber/Colin Dutton: 139; Bildagentur Huber/Luca da Ros: 88, 110; Bildagentur Huber/Massimo Ripani: U2-Top12-08, 58, 102, 128; Bildarchiv Steffens/Steffens: 106; Fotolia.com/Amro: U2-Top12-05, 37; Fotolia.com/nw.7.eu: U2-Top12-01; Ralf Freyer: 9, 18, 30, 33; Elisabeth Galikowski: 86; Veit Haak: 118, 135; Herbert Hartmann: U2-Top12-03, U2-Top12-04, 11, 38, 48, 50, 54, 63, 121; Jupiterimages/José Fuste Raga: 6; laif/Back: 34; laif/Bungert: 5, 98; laif/ChinaFotoPress: 80, 81; laif/Contrasto: 87; laif/Benoit Decoux: 8; laif/Gamma: U2-Top12-11; laif/Hemis: 2-2; laif/Hoehn: 14; laif/David Klammer: 68; laif/Kristensen: 31, 45; laif/Le Figaro Magazine/Prignet: U2-Top12-02, U2-Top12-10; laif/Polaris: 55; laif/Redux/The New York Times: 57; laif/Zanettini: U2-Top12-12, 1, 28, 100; laif/Horst Dieter Zinn: 132; LOOK-foto/Hauke Dressler: 19; LOOK-foto/Tommaso di Girolamo: 82; LOOK-foto/Rainer Martini: 13, 40; LOOK-foto/Walter Zerla: 60, 84; Hans-Peter Merten Fotodesign: 137; Daniele Messina: 126; mauritius images/age: 78; mauritius images CuboImages: 108; mauritius images/Imagebroker: 77; mauritius images/René Mattes: 64; mauritius images/World Pictures: 67; Pixelio/Domsen: 52; Pixelio/christiaaane: U2-Top12-09; Pixelio/Stefan: 53; Pixelio/Michael Trommer: U2-Top12-07; Pixelio/Birgit Winter: 2-1; Klaus Thiele: 27; Wikipedia.org: 72; Wikipedia.org/Giovanni dall'Orto: U2-Top12-06, 75, 90, 92, 97, 120; Wikipedia.org/Latinboy: 112.

Polyglott im Internet: www.polyglott.de

Impressum

Wir freuen uns, dass Sie sich für einen Reiseführer aus dem Polyglott-Programm entschieden haben. Auch wenn alle Informationen aus zuverlässigen Quellen stammen und sorgfältig geprüft sind, lassen sich Fehler nie ganz ausschließen. Wir bitten um Verständnis, dass der Verlag dafür keine Haftung übernehmen kann. Ihre Hinweise und Anregungen sind uns wichtig und helfen uns, die Reiseführer ständig weiter zu verbessern. Bitte schreiben Sie uns:

Polyglott Verlag, Redaktion, Postfach 40 11 20, 80711 München, redaktion@polyglott.de

Wir wünschen Ihnen eine gelungene Reise!

Herausgeber: Polyglott-Redaktion
Autoren: Christine Hamel und Gunther Lettau
Neukonzeption: Gunther Lettau
Redaktion: SRT Redaktion / Rainer Krause
Bildredaktion: Ulrich Reißer und SRT
Layout: Ute Weber, Geretsried
Titeldesign-Konzept: Studio Schübel Werbeagentur GmbH, München
Karten und Pläne: Polyglott Kartografie und Kartographie Huber
Satz: Anja Kiebler, www.aha-grafik-design.de
Druck: Himmer AG, Augsburg
Bindung: »Butterfly«-Bindeverfahren durch Kolibri Industrielle Buchbinderei geschützt durch Gebrauchsmusteranmeldung Nr. 20 2008 013 299.1

Printed in Germany
Dieses Buch wurde auf chlorfrei gebleichtem Papier gedruckt.
ISBN 978-3-493-55829-6

Langenscheidt Mini-Dolmetscher Italienisch

Allgemeines

Guten Tag.	Buongiorno. [buon**dschor**no]
Hallo!	Ciao! [**tscha**o]
Wie geht's?	Come sta? [**ko**me sta]
Danke, gut.	Bene, grazie. [**bä**ne **gra**zje]
Ich heiße ...	Mi chiamo ... [mi kjamo]
Auf Wiedersehen.	Arrivederci. [arriwe**der**tschi]
Morgen	mattina [mat**ti**na]
Nachmittag	pomeriggio [pome**ridscho**]
Abend	sera [ßera]
Nacht	notte [**not**te]
morgen	domani [do**ma**ni]
heute	oggi [**odschi**]
gestern	ieri [järi]
Sprechen Sie Deutsch?	Parla tedesco? [**par**la te**des**ko]
Wie bitte?	Come, prego? [**ko**me **prä**go]
Ich verstehe nicht.	Non capisco. [non ka**pis**ko]
Sagen Sie es bitte nochmals.	Lo può ripetere, per favore. [lo puo ri**pä**tere per fa**wo**re]
..., bitte.	..., per favore. [per fa**wo**re]
danke	grazie [**gra**zje]
Keine Ursache.	Prego. [**prä**go]
was / wer / welcher	che / chi / quale [ke / ki / ku**a**le]
wo / wohin	dove [**do**we]
wie / wie viel	come / quanto [**ko**me / ku**an**to]
wann / wie lange	quando / quanto tempo [ku**an**do / ku**an**to **täm**po]
warum	perché [per**ke**]
Wie heißt das?	Come si chiama? [**ko**me ßi kjama]
Wo ist ...?	Dov'è ...? [do**wä**]
Können Sie mir helfen?	Mi può aiutare? [mi puo aju**ta**re]
ja	sì [ßi]
nein	no [no]
Entschuldigen Sie.	Scusi. [**sku**si]
Das macht nichts.	Non fa niente. [non fa nj**än**te]

Sightseeing

Gibt es hier eine Touristeninformation?	C'è un ufficio di turismo qui? [**tschä** un uf**fi**tscho di turismo kui]
Haben Sie einen Stadtplan / ein Hotelverzeichnis?	Ha una pianta della città / un annuario alberghi? [a **u**na pj**an**ta **del**la tschit**ta** / un annu**ar**jo al**bär**gi]
Wann ist ... geöffnet?	A che ora è aperto (m.) / aperta (w.) ...? [a **ke** **o**ra ä a**pär**to / a**pär**ta]
geschlossen	chiuso (m.) / chiusa (w.) [kj**u**so / kj**u**sa]
das Museum	il museo (m.) [il mu**se**o]
die Kirche	la chiesa (w.) [la kj**ä**sa]
die Ausstellung	l'esposizione (w.) [lesposizj**o**ne]
Wegen Restaurierung geschlossen.	In restauro. [in res**tau**ro]

Shopping

Wo gibt es ...?	Dove posso trovare ...? [**do**we **pos**so tro**wa**re]
Wie viel kostet das?	Quanto costa? [ku**an**to **kos**ta]
Das ist zu teuer.	È troppo caro. [ä **trop**po **ka**ro]
Das gefällt mir (nicht).	(Non) mi piace. [(non) mi pj**a**tsche]
Gibt es das in einer anderen Farbe / Größe?	Ce l'ha anche di un altro colore / un'altra taglia? [tsche la **ang**ke di un **al**tro ko**lo**re / un **al**tra **tal**ja]
Ich nehme es.	Lo prendo. [lo **prän**do]
Wo ist eine Bank?	Dov'è una banca? [do**wä** una **bang**ka]
Ich suche einen Geldautomaten.	Dove posso trovare un bancomat? [**do**we **pos**so tro**wa**re un bangko**mat**]
Geben Sie mir 100 g Käse / zwei Kilo Pfirsiche	Mi dia un etto di formaggio / due chili di pesche. [mi **di**a un **ät**to di for**madscho** / **du**e **ki**li di **päs**ke]
Haben Sie deutsche Zeitungen?	Ha giornali tedeschi? [a **dschor**nali te**des**ki]
Wo kann ich telefonieren / eine Telefonkarte kaufen?	Dove posso telefonare / comprare una scheda telefonica? [**do**we **pos**so telefo**na**re / kom**pra**re una **ske**da tele**fo**nika]

Notfälle

Ich brauche einen Arzt / Zahnarzt.	Ho bisogno di un medico / dentista. [o bi**son**jo di un **mä**diko / den**tis**ta]